Jean-Claude M. HAOUARIA

LE MESSAGE

La pensée va plus vite que la lumière

Jean-Claude M. HAOUARIA

LE MESSAGE

La pensée va plus vite que la lumière

Jean-Claude M. HAOUARIA.

LE MESSAGE

La pensée va plus vite que la lumière

Au lecteur de bonne foi :

Ce livre est un document exceptionnel.

Son auteur, Jean-Claude M. HAOUARIA, est un voyant, médium et magnétiseur aux pouvoirs étonnants. Vous le constaterez dans la première et la dernière partie de ce livre, illustrées de témoignages.

Mais il va bien au-delà. C'est la première fois qu'un texte aussi clair, aussi simple, aussi compréhensible, émanant directement d'un maître héritier d'une Connaissance immémoriale est offert au public. Il nous délivre un message de Foi, d'Espérance et de Charité.

Il s'agit donc bien là d'un document exceptionnel.

Il faut lire ce livre sans chercher à le comprendre entièrement lors de cette première lecture. Vous serez souvent surpris, des faits vous sembleront incroyables, des affirmations pourront même vous choquer... Ne vous attardez pas sur ces passages, lisez ! Lisez-le jusqu'à la dernière page. Ensuite, laissez « reposer » ce message.

Mais surtout gardez ce livre à portée de main.

Vous allez bientôt avoir envie de relire telle ou telle partie d'un chapitre, puis une autre, puis de revenir sur telle autre... Faites-le ! Ce livre est écrit pour être lu comme cela. La Connaissance traditionnelle se transmet toujours ainsi car elle ne doit pas seulement être apprise, elle doit avant tout être comprise.

Conformément à la tradition Jean-Claude M. HAOUARIA communique oralement la Connaissance. Ses paroles ont été mises en écrits par l'un de ses amis journalistes.

Aucune religion ne peut prétendre

remplacer une Vérité : la Foi

Jean-Claude M. HAOUARIA

En vérité les choses, comme les conditions des choses tant particulières qu'universelles, sont diverses : certaines sont visibles, certaines assez visibles, certaines extrêmement visibles, d'autres sont cachées, d'autres assez cachées, d'autres extrêmement cachées, soit pour les sens, soit pour l'esprit.

Cette diversité est opérée par la nature des choses elles-mêmes, qui les produit dans telle ou telle condition.

Parmi les hommes aussi, d'aucun sont très aptes à percevoir, soit par les sens, soit par l'esprit, tandis que d'autres le sont très peu. Cela est dû à la qualité propre de chacun qui le dispose plus ou moins à la perception, de sorte que certains deviennent plus sages que d'autres.

Est sage, et est réputé sage, celui qui perçoit ce qu'il a de moins perceptible dans les choses et leurs conditions.

C 'est pourquoi ceux qui sont poussés par un saint désir de sagesse travaillent sans cesse à comprendre l'occulte condition des choses.

Philosophe ismaélite du X° siècle

Je ne vous demande pas de croire
mais seulement de constater

La Courneuve, dans la proche banlieue nord de Paris. Un grand immeuble H.L.M., 72 boulevard Henri Barbusse. C'est là, au quinzième étage... Là, entre ciel et terre, Jean-Claude HAOUARIA, voyant, médium, magnétiseur, reçoit les personnes en difficulté. Pour eux, il représente le dernier recours, celui que l'on vient consulter en désespoir de cause lorsque la misère morale ou matérielle devient insupportable, lorsque la solitude ou le sentiment d'être mal-aimé, trompé, bafoué et trahi étreint le cœur, lorsque l'injustice étouffe, lorsque, après avoir tout essayé pour s'en sortir,

L'on constate que la volonté se brise contre un mur invisible. Un mur infranchissable... Ce mur que Jean-Claude appelle le mur de l'impossible. Or « à l'impossible nul n'est tenu », dit le proverbe ! Et pourtant l'impossible est le domaine, le « métier », peut-on dire, de Jean-Claude HAOUARIA.

Il est un fait certain : dès qu'on entre chez lui les angoisses s'atténuent, l'esprit se calme, la tension nerveuse diminue, le corps s'apaise. On se sent bien ! Les meubles sont simples et fonctionnels, un aquarium égaie le petit salon... Seuls quelques objets symboliques et les trois Livres, la Tora, la Bible - Ancien et Nouveau Testament -et le Coran, rappellent que nous sommes ici dans un lieu consacré.

Ces symboles sont les supports des travaux que Jean-Claude effectue chaque jour, lorsqu'il est seul, pour transformer cet appartement en un sanctuaire ou le mal ne peut pénétrer. Voilà pourquoi l'on s'y sent si bien...

– Et ce n'est pas psychosomatique, précise Jean-Claude.

C'est-à-dire qu'il ne s'agit pas d'une impression, mais d'une réalité. Car ces symboles sont discrets, on les remarque à peine ou pas du tout, et les travaux ne sont pas visibles... Les visiteurs ne sont donc pas mis en condition.

– Les décors « africains » ou « sataniques » sont ridicules, ajoute Jean-Claude. Les charlatans les utilisent pour tromper leurs victimes ! Ces soi-disant « mages » ou « sorciers » ne savent ni ce qu'ils ne disent ni ce qu'ils font. Leur mise en scène n'a aucune valeur. Elle ne sert qu'à faire peur aux gens afin de leur voler leur argent.

Chez lui on ne trouve ni objets anciens, ni objets de culte achetés à la brocante. Pas de « quincaillerie sacrée »

- Pour faire brûler de l'encens il n ' est pas nécessaire de posséder un encensoir d'église, une vieille casserole suffit. Ce qui compte, c'est d'avoir la Foi, insiste-t-il. Ce mot revient souvent dans ses paroles.

De même il est vêtu d'un costume avec pochette et cravate assorties, et non d'une « robe de mage » ! Mais cet homme au corps solide émet une énergie extraordinaire. Il rayonne vraiment, on ressent physiquement cette émission de forces, et en même temps il est totalement attentif, à
« l'écoute » de la personne qui le consulte... Il s'agit bien sûr d'une écoute intérieure. Une écoute inspirée, qu'on ne peut expliquer par des mots. Jean-Claude préfère utiliser des comparaisons :

- Les gens vivent en 220 volts et parfois moins, lorsqu'ils sont fatigués ou déprimés. Moi je vis en 600 volts et je monte à 2000 volts lorsque je me concentre...

Pourtant il n'est pas stressé, bien au contraire ! S'il parle vite c'est parce que sa pensée est si rapide que les mots ne peuvent suivre... Une seule de ses journées suffirait à épuiser pour un mois un individu robuste et bien équilibré ! Mais comment pourrait-il ignorer les appels au secours comme celui qui est contenu dans cette lettre, lui qui ne vit que pour faire le bien :

Jean-Gaude, aidez-moi à retrouver la sérénité. J'ai l'impression que mon frère (dont il a annoncé le décès, confirmé par cette dame) me pousse à découvrir la vérité. Je voudrais qu'il repose en paix très bientôt. Je sais que Dieu observe mon désarroi... Par votre intermédiaire, votre sagesse, vous qui êtes si près de lui et des âmes qu'il reçoit en sa demeure, débarrassez-moi du boulet que je traîne depuis des années, celui d'avoir souffert d'une enfance pitoyable. Ma mère est présente à chaque instant, tous les jours de ma vie, elle m'aide probablement à ne pas sombrer, car au fond de moi j'ai l'impression de ne pas voir le bout du tunnel : à chaque fois que je crois être heureuse une barrière brutale surgit, surtout depuis quatre ans. Je suis végétative, sans espoir, avec des sursauts d'ambition, et au moment de réussir, tout s'effondre comme un château de cartes.

Quant à mon père, il me manque terriblement, sans cesse son visage est présent, tous les jours je me rends compte que j'ai eu tort de lui avoir reproché le décès de ma mère. Il y a quelques temps nous étions en train de regarder des photos et c'est simplement maintenant que je me rends compte que je lui ressemble tant physiquement, nous avons exactement le même visage. Il m'a fallu des années pour accepter cette vérité.

Jean-Claude, crois que dans une vie antérieure j'ai dû faire beaucoup d'erreurs et je me rends compte aujourd'hui que dans ma vie actuelle j'expie un peu tous les jours, mais je crois en Dieu et je sais que dans certaines circonstances il m'a aidée pour que je ne commette pas trop d'erreurs cette fois-ci. Je sais que vous en tant que médium vous avez acquis une sagesse extrême, Dieu est en vous, et j'espère que vous m'aiderez à résoudre mes incertitudes et me débarrasserez de cette chose qui est en moi et qui m'empêche de vivre et m'oblige à avoir un chemin de vie toujours en dents de scie.

Jean-Claude, je vous supplie de me venir en aide, de protéger ma famille, mes enfants, je les aime tant ! Cela bien sûr avec la Sagesse de Dieu.

Comment ne pas répondre à ce message de détresse parmi tant d'autres ? C'est dans ces véritables S.O.S. -initiales, en anglais, de sauver nos âmes - que Jean-Claude HAOUARIA puise sa détermination de continuer sa mission jusqu'à ce que la mort mette fin à son passage sur terre. Les résultats sont là : chaque jour des lettres de remerciement s'accumulent dans sa boîte. Elles sont sa récompense. En voici une, parmi les plus récentes :

Je voudrais à nouveau t'exprimer ma gratitude pour ce que tu as fait pour nous, pour notre couple et les enfants depuis... bientôt neuf ans, oui ! Que d'événements se sont passés depuis 1983 !

Tu nous as permis de connaître la « vraie vie », de surmonter les handicaps et d'encaisser les coups durs (et il y en a eu...), de préserver malgré cela l'union de notre couple.

Grâce à Dieu et à toi nous vivons bien dans une région magnifique que beaucoup aimeraient déjà au moins visiter...

Pour tout cela et pour le reste (car il faudrait un livre pour détailler toutes ces années) saches que nous t'aimons beaucoup, tu n'es pas seulement l'Ami, mais le Père de la famille. Je t'embrasse.

Mais concrètement, qu'en est-il ? Grâce à l'intervention de Jean-Claude bien des problèmes douloureux ont été résolus. Voici quatre cas qui se passent de commentaires.

Le premier témoignage évoque un mal qui peut toucher tout le monde, puisqu'il s'agit du chômage :

Je tenais très sincèrement à vous remercier de tout mon cœur de m'être sorti de ce cauchemar interminable. Je n'arrivais pas à trouver du travail et pourtant chaque jour je me battais, mais rien à faire, c'était terrible, je n'en voyais jamais la fin. Cela dura trois ans. Je ne savais plus quoi faire, ce que j'allais devenir, je me sentais inutile.

Un jour je vous ai parlé de mon problème, je vous ai raconté mon désespoir et vous m'avez dit, sans aucune hésitation, «je vais vous aider et vous aurez du travail ». Quelques jours plus tard tout changeait pour moi, je recevais du courrier, des coups de fil pour me proposer différents emplois. Je croyais rêver, et pourtant c ' était vrai ! Un miracle avait tout changé... Grâce à Dieu et à vous Jean-Claude, j 'ai retrouvé du travail, j 'ai repris confiance en moi, j'ai repris goût à la vie.

Les mots ne suffiraient pas pour vous dire ce que je ressens au plus profond de moi. Que Dieu vous bénisse !

En vous remerciant mille et mille fois pour tout très sincèrement, moi et toute ma famille. Merci encore Jean-Claude pour tout.

Le second porte sur la drogue, qui touche tant de jeunes :

Aujourd'hui c'est avec une très grande joie que je t'écris. Je suis complètement guéri de ce fléau qu'est la drogue ! J'ai touché le fond, mais grâce à toi - car oui, c'est grâce à toi que j'ai réfléchi - et grâce à tes travaux que je porte continuellement sur moi j'en suis sorti. Je n'aurai jamais assez de ma vie pour te dire merci. Merci pour moi, merci pour mes parents que j'ai fait souffrir.

J'ai tout perdu par cette mauvaise habitude, mon travail, mes amis, ma fiancée, mais aujourd'hui je repars à zéro. Mes bons copains reviennent vers moi, je sens mes parents moins soucieux. Quant à ma fiancée, elle reviendra lorsque je serais complètement rétabli, j'ai bon espoir.

Je voudrais dire à tous les gens : croyez en Jean-Claude, sa parole est vérité, on ne peut que l'aimer !

Le troisième témoignage nous rappelle que bien des gens survivent, car on ne peut pas appeler cela « vivre », grâce à ces drogues légales que sont les tranquillisants :

Dès le décès de mon père jusqu'à mes vingt-cinq ans j'ai vécu en trichant avec la vie. Je marchais, je vivais avec des « béquilles » : ces comprimés qui vous aident soi-disant à vous sentir bien, si bien qu'à la longue on ne peut plus s'en passer, et alors on se retrouve comme une droguée, négligeant sa famille, sa santé et tout le reste. Je remercie très fort ma famille de m'avoir emmenée chez vous. Après toutes ces tentatives de suicide, je n'en pouvais plus de vivre.

Aujourd'hui, grâce à votre aide, votre gentillesse et votre patience vous m'avez redonné le goût de poursuivre ma vie et d'acquérir tout ce que j'aurai dû acquérir s'il n'y avait pas eu cette drogue médicamenteuse et surtout cette drogue du « mauvais œil » sur moi et sur les miens.

Les mots sont trop faibles et si petits pour vous remercier, mais sachez que si petits soient-ils, ils sont sincères.
Nous vous aimons tous très fort !

Le quatrième concerne tout le monde, car nul n'est à l'abri de la maladie :

Je suis plutôt d'une nature robuste, mais la vie nous réserve souvent des surprises. J'ai été hospitalisé le 12 - 8 - 91 dans un service hospitalier de pneumologie à la suite d'une bronchite suivie de complications, à savoir une tache au poumon gauche, ce qui m'a valu bien des souffrances. Une toux incessante m'entreprenait jour et nuit, suivie d'une montée de fièvre épuisante. Cela m'avait vraiment inquiété...
Survint un homme nommé Jean-Claude HAOUARIA dont la bonté et la générosité abondent. Il est venu à mon secours.

Avec ses bénédictions et la volonté de Dieu un miracle s'est produit. En quelques jours ma fièvre a disparu, mon appétit est revenu. Alors le médecin de l'hôpital a signé l'autorisation de sortie. J'ai repassé une radio quinze jours après ma sortie pour vérification : résultats négatifs. J'étais donc complètement guéri.
Je remercie vivement mon bienfaiteur Jean-Claude.

Il joint à sa lettre les bulletins d'hospitalisation et de radio. Toutes ces lettres sont classées dans des dossiers posés sur une table basse dans le petit salon de Jean-Claude. Il y en a tant qu'on ne peut les citer toutes... En voici d'autres, pourtant, si belles dans leur simplicité parfaite :

Le stylo à la main, la tête vers le ciel... Merci Dieu d'avoir donné vie à un être humain tel que Jean-Claude, Mohammed et d'autres prénoms que je n'ai plus en tête... Un seul être qui représente à lui seul plusieurs nationalités et religions, un être sans frontières, un être humain, simplement, avec beaucoup d'amour et de sensibilité.

Jean-Claude, tu as toujours su être disponible et attentif à notre écoute. Je t'ai consulté pour plusieurs problèmes familiaux et de santé pour un des membres de ma famille. En ce qui me concerne les concours où j'avais échoué à plusieurs reprises m'avaient fait perdre confiance en moi.

Tes travaux nous ont donné un autre regard sur la vie et la réussite que l'on désirait. Ton aide et ta puissance enchantée m'ont beaucoup changée et régénérée physiquement. Quelle expérience inoubliable !

Maintenant je suis persuadée de réussir et mon moral est au beau fixe. Je vois les choses différemment, plus simplement... Il faut faire le bien tous les jours jusqu'à sa mort et inculquer à ses enfants et à son entourage la bonté, l'amour d'aimer les autres, l'amour de Dieu. La Foi suivra. La Foi c'est croire très fort ! Tout est possible, il suffit de le vouloir très fort et de ne faire que le bien. La récompense est toujours là.

Merci encore d'être ce que tu es : ton être indéfinissable.

Quel beau message d'espoir ! En voici un autre, si profond, d'une telle sincérité qu'on ne peut le passer sous silence :

Je suis très content de pouvoir vous écrire aujourd'hui, car je voulais vous dire qu'il y a beaucoup de choses qui me sont arrivées, si fortes, si vraies, si prévisibles grâce à vous ! J'aurais pu vous en parler plus tôt, je ne l'ai pas fait par pudeur... Grâce à Dieu et à vous, monsieur HAOUARIA, j'ai changé de mode de vie. Vous avez fait de moi un chef d'entreprise responsable, capable d'assumer ma vie affective et professionnelle qui depuis bientôt deux ans marche plutôt bien !

Moi qui ne mets que rarement les pieds dans une église, une mosquée, un temple ou autre, mais qui par conviction croit en l'Etre, Dieu, pour moi vous êtes le troisième dans mes pensées. Je me doute très bien que je ne suis pas le seul à penser cela...

Chaque fois que les soucis, l'angoisse, la peur surviennent, je pense à vous. Si c'est un coup trop dur je vous téléphone et cela s'arrange. Au début cela m'a fait bizarre de voir s'aplanir les difficultés, mêmes importantes, maintenant à la suite de plusieurs cas identiques cela me paraît normal, venant de vous...

J'aurais tellement de choses à dire, mais c'est trop difficile à mettre sur le papier. Je ressens tellement de bonnes et belles choses dans mon cœur, c'est comme une couleur qu'on ne peut pas décrire.
Vous êtes dans mes prières...

Il s'agit donc bien de sauver les corps pour sauver l'esprit, dont la chair est le support indispensable, vital... Mais surtout il faut sauver les âmes. S.O.S. ! Dans ce monde matérialiste, désespéré et égoïste, Jean-Claude ranime la Foi, l'Espérance et la Charité, les trois vertus théologales, c'est-à-dire inspirées de Dieu. Les lettres qu'il reçoit en témoignent :

Je t'écris ces quelques lignes pour t'exprimer ma reconnaissance et pour laisser un message à tous ceux qui sont touchés par le mal.

Je voudrais leur dire de ne pas perdre confiance et qu'ils sachent que Dieu les observe. Que le mal puisse être très rude, mais que Dieu ne les oublie pas. Que le principal c'est le cœur, et seul Dieu sait ce qu'il renferme.

Enfin, je remercie la Providence de m'avoir mené jusqu'à ta porte. Je remercie Dieu que tu ne sois pas loin de ma porte.

Malade, j'étais sous l'emprise du mal. Tu m'en as délivré.

Que Dieu t'ouvre toutes les portes. Merci Jean-Claude.

Grâces et louanges à Dieu.

Ce message que Jean-Claude diffuse inlassablement commence à être compris, car il reçoit aussi des lettres de gens de tous les pays du monde qui ne lui demandent rien, mais qui sont heureux de partager sa Foi, son Espérance et sa Charité. Celle-ci vient d'outre-mer :

Permettez-moi de prendre la liberté de vous écrire ces quelques mots d'amitié et de fraternité. J'espère que tout va bien de votre côté. Pour ma part, Dieu merci, tout va bien.

Depuis quelques temps déjà je voulais vous dire combien j'ai apprécié vos déclarations, à travers la presse, car je n'ai pas eu la chance d'assister personnellement à vos conférences. Je voudrais surtout vous dire combien je partage votre sensibilité quand vous avez parlé de la nécessité pour chacun de nous d'œuvrer pour le Bien par nos pensées, nos sentiments et nos actions, afin de construire un monde plus juste, plus beau et plus fraternel.

Oui, nous devons persévérer et nous encourager les uns les autres dans cette voie, malgré les difficultés, et pardonner et oublier les faiblesses de nos frères moins éclairés. Voilà pourquoi j'aime toujours encourager et dire ma joie aux êtres comme vous, qui travaillent pour le Bien.

Moi aussi j'essaie modestement de chercher et d'œuvrer dans cette voie, avec l'aide de Dieu.

J'espère que cette modeste lettre vous fera plaisir et je voudrais ajouter que si vous vouliez bien m'envoyer quelques mots cela me ferait une grande joie. Je vous en remercie bien sincèrement à l'avance.

Que la Lumière et la Bénédiction de Dieu soit sur vous. Fraternellement et respectueusement vôtre...

C'est vrai, Jean-Claude HAOUARIA est un être débordant d'amour. Cela se voit immédiatement dans son regard. Il en rayonne... Sa bonté s'étend à tous, grands ou petits. Il est le conseiller très écouté de dix neufs chefs d'Etat et il exerce dans vingt-quatre pays à travers le monde, mais il reçoit, conseille, aide tous ceux qui le demandent, qu'ils viennent à lui plein de confiance ou qu'ils soient emmenés par des parents ou amis, sans « y croire » eux-mêmes, comme ce monsieur très sérieux, responsable d'entreprise, qui se déclare « cartésien », rationaliste, carré d'esprit et de jugement. Jean-Claude l'accueille avec un grand sourire en lui disant :

- Je ne vous demande pas de croire, mais seulement de constater.

Ils s'enferment dans son bureau pour une voyance...

Le monsieur en sort une demi-heure après. Il est bouleversé. Sans le connaître, sans rien savoir de lui, alors qu'il n'a pas dit un mot, Jean-Claude lui a décrit les moments importants de sa vie, a cité des dates, des faits précis, a évoqué le problème grave qui le préoccupe actuellement et a trouvé la solution... Incroyable !

– Je ne vous demande pas de croire, mais seulement de constater...

A chaque interrogation Jean-Claude répond par cette simple phrase. Il n'a rien à prouver et ne veut rien prouver... Et surtout pas par des discours. Son domaine, c'est l'action, la pratique, le palpable !

– Je suis comme Saint Thomas, je ne crois que si je vois, répète-t-il. Je juge aux résultats.

Les résultats, c'est ce qui permet de faire la différence entre un « bon » et un « mauvais » médium - c'est-à-dire entre un vrai médium et un charlatan... N'importe qui peut se prétendre voyant médium et magnétiseur, aucun diplôme n'est exigé. Mais aucun diplôme ne garantit des résultats ! Tous les médecins sont « docteurs en médecine », donc diplômés, et pourtant chacun sait que certains sont « bons » et d'autres « mauvais » ! Pourquoi ? Parce que la médecine reste un art, non une simple science, malgré les progrès des connaissances. Un être humain ne se répare pas comme une machine, on le soigne, c'est un acte très compliqué parce que l'homme est complexe, il a un corps et un esprit. L'un réagit sur l'autre et inversement. Que sait-on de tout cela ? Peu de choses ! Restons prudents et humbles, ne concluons pas sans réfléchir ! Toutes les professions ont leurs charlatans, l'unique façon de les éviter est de faire confiance aux professionnels dont la réputation constitue la seule publicité valable, celle du « bouche à oreille » des clients satisfaits.

Pour Jean-Claude HAOUARIA, être voyant médium et magnétiseur n'est pas **un** métier mais une mission, comme le rappelle cette lettre :

Je pense que le premier jour [qu'on le rencontre] n'importe quelle personne peut être sceptique et hésitante, mais elle peut se livrer à Jean-Claude car il a un vrai don et aussi on voit qu'il fait cela par amour et pour rendre le bonheur et la joie de vivre à toutes les personnes qui réclament.

Je demande à Dieu de donner une bonne santé et beaucoup de bonheur à notre ami Jean-Claude, car on le considère comme un vrai ami et il fait partie de notre vie.

Jean-Claude ne donne que quelques rendez-vous dans une journée, afin de consacrer à chaque personne le temps qu'il juge nécessaire. Ses consultations ne sont pas limitées, certaines peuvent durer deux heures ! Tant pis si ça n'est pas « rentable » ... Entre temps il revient dans la salle d'attente, adresse un mot chaleureux à l'un, reprend une conversation avec un autre, apporte à tous le réconfort de sa présence attentive.

– Il donne toujours plus, beaucoup plus que les gens n'en demandent, précise son secrétaire, que son patron appelle affectueusement Tatache...
Le sourire de Jean-Claude s'accentue :

– Ici il n'y a ni « clients » ni « employé », nous sommes en famille, nous travaillons en famille, nous vivons en famille...

D'ailleurs la plupart des gens viennent le consulter en famille, tel ce vieux monsieur qui ne peut plus marcher et qui se tient à sa fille, son gendre et son petit-fils parce qu'il a peur de tomber. Il est venu se confier non pas au voyant médium, mais au magnétiseur...

Jean-Claude le porte pratiquement sur le lit de soin car ses muscles affaiblis et ankylosés par l'inactivité ne le soutiennent plus. Une demi-heure après ces mêmes muscles recommencent à fonctionner... Il peut se baisser et ses vertiges diminuent.
Il va se reposer dans la salle d'attente...

Entre un monsieur qui n'a pas pris rendez-vous. Il vient, ou plutôt il revient remercier une fois encore Jean-Claude. Il est Algérien. Voici son récit :

– L'an passé ma femme est brusquement tombée malade. Cela a commencé par des crises de colère contre moi, elle m'a même menacé d'un couteau ! Puis elle s'est enfermée dans la maison, dans le noir. Dès qu'on allumait la lumière elle éteignait, car elle ne la supportait pas... Elle ne voulait plus voir ses enfants. Elle ne parlait pas, ne mangeait pas, elle buvait simplement un verre de lait par jour. Sa tension est tombée à cinq. Le médecin l'a fait hospitaliser. Elle est restée trois semaines à l'hôpital sous perfusion de sérum avec un cachet de tranquillisant... Elle ne souhaitait qu'une chose : retourner en Algérie pour y mourir en paix.

J'ai eu la chance de connaître Jean-Claude par une personne qui l'avait déjà consulté. Il a immédiatement vu d'où venait le mal : de la famille de ma femme, en Algérie. Il m'a donné des travaux à faire.

J'ai commencé les travaux. Tout à coup ma femme s'est levée et m'a dit :
- Va me chercher le tamis, je vais faire un couscous...
Elle s'est mise à cuisiner. Et elle a ajouté :
- Il faut que je vois mes enfants.

Il y a longtemps que je ne les ai pas vus...
Elle était transformée ! Depuis elle a recommencé à vivre, elle parle, fait les courses, s'occupe de la maison et des enfants. Seulement il lui en reste encore quelque chose. Elle ne sort jamais seule, parce qu'elle marche en baissant la tête, sans regarder les feux rouges... Mais cela va de mieux en mieux. Avec les enfants cela va très bien !

Elle sait que le mal vient de sa famille et cela la tourmente beaucoup, bien qu'elle n'y soit pour rien ! Ses sœurs m'avaient demandé de leur envoyer de l'argent. J'ai refusé, alors elles ont fait faire des travaux en Algérie pour faire pression sur moi, comme me l'a dit Jean-Claude. Lorsque je suis allée les voir, elles ont affirmé que c'était faux, mais elles ont refusé de le jurer sur le Coran ! Pourquoi ? Parce qu'elles continuent à faire du mal. »

Voilà encore un cas troublant...

Il est hors de doute que dans tout problème humain il y a une part de « psychologique ». Ainsi le sentiment de culpabilité, le plus souvent inculqué dès l'enfance, affaiblit le mental et parfois détruit totalement des gens. Jean-Claude connaît cette part et ne la sous-estime pas. Il l'explique ainsi :

- La plus grande faute de l'humain est de vouloir se justifier sans cesse au regard des autres.

La loi et la justice sont en nous. Le juge est en nous, il se nomme conscience, notre propre conscience. On est adulte le jour où l'on est responsable vis-à-vis de soi-même !

Pourtant les gens ont besoin de papiers, de « preuves » pour se justifier vis-à-vis des autres, ils s'abritent derrière la loi comme des enfants se réfugient derrière l'autorité des parents... Mais sans la justice la loi n'existe pas ! Heureusement il reste des sages parmi nous et grâce à cela le mot

« justice » signifie encore quelque chose...

Un homme de bien ne craint le jugement de personne. Malheureusement le bien paraît compliqué... Et pourtant il est si simple ! Nous l'avons tous en nous. Le blanc est la couleur de la pureté, mais plus blanc que blanc, c'est transparent. Or on naît transparent, puis on devient opaque par la salissure. Celui qui a l'amour en lui la voit et la rejette.

Le drame, le malheur, c'est que les gens sont poussés à choisir ce qu'ils veulent rejeter... C'est pourquoi je dis toujours : « ce que les gens rejettent nous le prenons, ce que les gens prennent nous le rejetons ».

Donc Jean-Claude prend en charge tous ceux que les gens rejettent, les « incurables », ceux pour lesquels « on ne peut rien ». Et il utilise ce que les gens rejettent : les forces occultes.

Car « psychologique », cela veut tout dire et rien dire, précise-t-il :

- « Psychologie » est un terme utilisé pour évoquer globalement les mots « intelligence » (au sens de « compré- hension ») et « esprit », en positif et négatif. Pour comprendre vraiment ce qu'est l'esprit, il faut être émetteur et récepteur d'une grande sensibilité, c'est-à-dire être intuitif. Car la raison n'explique pas tout, elle n'explique ni l'art, ni la création et encore moins l'amour ! Mais la plupart des hommes se ferment à la perception intuitive. Ils la redoutent, ils ont peur de ne pas la maîtriser. C'est une réaction d'orgueil ! Il faut se laisser guider humblement, car cette connaissance nous est donnée, tandis que le savoir des sciences est acquis par l'homme lui-même, à partir de l'observation de la nature.

Grâce à la science on sait réparer la chair, mais la « chirurgie de l'âme », qui la pratique ? Les psychologues ? Ils se basent essentiellement sur les travaux de Freud, qui ne sont pas négligeables, certes, mais qui ont à peine un siècle. Lorsque Jung, son disciple puis son rival, a voulu aller plus loin en revenant aux sources anciennes de la connaissance, il a été rejeté, critiqué, ridiculisé. Pourtant cette connaissance existe depuis des milliers d'années, et ces milliers d'années de pratique sont irremplaçables ! Pourquoi les nier ou simplement les négliger sans même les étudier ? Parce que cela fait peur. Les hommes ont peur du pouvoir de leur esprit. L'homme peut envoûter de jour comme de nuit, sans

le vouloir, sans le savoir. C'est pourquoi le sorcier, avant d'être déclaré sorcier par les autres, ne savait pas qu'il l'était. Poussé par son agressivité naturelle et incapable de contrôler son conscient et son subconscient, il utilisait inconsciemment le mal, en toute innocence. Il se condamnait par les gens qui le consultaient pour la première fois, car à partir de ce moment, il savait : on le qualifiait de
« sorcier » pour reconnaître et lui confirmer son pouvoir. Dès lors il devenait réellement un sorcier, parce qu'il le savait ! Il avait peur de ce qu'il venait de découvrir et il se retranchait derrière sa pratique habituelle sans vouloir chercher en profondeur, c'est-à-dire en lui-même, par quelle intelligence et quelle Foi il était habité.

L'habitude est plus forte que l'amour et elle tue tout.

Là-dessus Jean-Claude accompagne le vieux monsieur, qui marche à petits pas, vers le lit de soin. Une demi-heure après il marche vraiment. Il se lance seul vers la salle d'attente, et ensuite il fait des allers-retours dans le couloir. Il ne s'en lasse pas... Quelle joie de pouvoir marcher !

Puis Jean-Claude s'enferme dans son bureau pour une voyance. Il en ressort de temps en temps pour répondre à une question, ou encourager le vieux monsieur, ou encore vérifier qu'une personne a bien compris ses instructions... Ce qui ne l'empêche pas de répondre en même temps au téléphone pour régler rapidement une question pratique !

En fait son esprit fonctionne à plusieurs niveaux, simultanément et séparément. Il puise dans sa mémoire, comme tout le monde, mais aussi dans sa « mémoire profonde », d'où jaillissent des intuitions et des prémonitions, alors que cette mémoire reste inconsciente chez les personnes dites «normales».

Voilà pourquoi au grand étonnement de ses visiteurs il mène plusieurs activités en même temps ! Cet étonnement le fait sourire. Il s'en explique ainsi :

– Toutes les personnes qui m'approchent me disent toujours :

– Avec vous ça va trop vite !

Pourquoi ? Ils ne sont jamais posés la question. En réalité ce n'est pas moi qui cours, ce sont eux ! Moi j'agis sur le réel et je marche avec prudence en gardant l'esprit clair parce que je fais la différence entre le monde matériel et le monde spirituel.

Les gens courent après le monde qui s'agite dans leur tête, et qui n'est ni l'un, ni l'autre. C'est un monde confus, un monde d'apparences mêlées de regrets, de remords et de frustrations. Alors pour se venger - inconsciemment - ils détruisent ce qu'ils touchent, donc ils recommencent, donc ils n'avancent pas, et pourtant ils courent sans cesse, sans trêve ni repos, parce qu'ils ne se demandent jamais après quoi ils courent !

Pourquoi courir ? Il n'y a que la mort qui n'attend pas Et pourtant c'est bien après elle qu'ils courent, puisqu'ils courent contre la montre. C'est inutile, on ne rattrape jamais le temps perdu ! L'avenir ne peut pas, ne pourra pas racheter le passé.

Moi je les attends... Nous les attendons depuis des générations... Nous avons été condamnés, puis exilés. Nous les avons attendus avec amour et patience. Nous les attendons toujours !

Les gens courent après le temps, alors ils regardent

l'heure. Moi je regarde le sablier du temps et je vois tomber chaque grain de sable. J'attends...

J'attends que les grains de sable fassent une poignée de sable. J'ai toujours dit : « avec une seule main on ne peut pas applaudir ». Il faut une autre main ! Non pas pour faire du bruit, absolument pas, mais pour propager. Je suis un grain de sable. Avec une poignée de sable la vérité sera propagée !

En fait nous attendons cet événement depuis deux générations sur les sept qui m'ont précédé, c'est-à-dire depuis mon père et moi. Mon père n'a pas eu ce privilège du fait qu'il ne sortait pas. Il vivait en ermite. Il n'a pu rencontrer personne avec qui partager... »

Mais comment partager ? Peut-on vraiment prendre en charge tous les jours les angoisses, les drames des autres, et garder le goût de vivre, de se battre, de changer le monde ?

Parfois des personnes que Jean-Claude a aidées s'en inquiètent. Ce sont généralement des femmes, parce qu'elles sont souvent plus sensibles, plus généreuses que les hommes, comme on le constate dans cette lettre :

Très cher Jean-Claude,

Je ne peux pas t'écrire une lettre ordinaire de remerciements parce que les mots me paraissent bien pauvres pour exprimer ce que j 'éprouve, et ce que j 'éprouve à ton égard est un amalgame d'admiration, de gratitude et bien sûr de profonde amitié.

Tu as réussi l'exploit de me redonner goût et espoir en la vie qui a été bien cruelle pour moi. Je pensais que l 'ultime issue était le suicide, la mort libératrice de tous les maux.

Tu as été le seul à déceler cette tendance au renoncement total.

Ce qui est merveilleux de ta part, c'est que seul tu as pris l'initiative de me sortir de cette sombre impasse. Tu as réussi, Jean-Claude.

J'ai repris mes activités professionnelles, négligées jusqu'alors. J'obtiens des résultats positifs. Ma vie affective, tu la connais : je suis heureuse, je suis aimée, j'aime. Il n'y a plus ce vide affreux.

C'est ma sincère amitié, ma joie de te retrouver qui te prouveront combien mon cœur t'est reconnaissant. « Merci » est trop pauvre pour ne te dire que ce simple mot.

Chaque jour j 'ai une pensée affectueuse vers toi.

Sois heureux Jean-Claude, toi qui sais si bien donner la joie, l'espoir, le bonheur aux autres. Je t'embrasse très fort.

Les hommes, eux, écrivent plutôt ceci :

J'admire ta gentillesse et ta force de vouloir redonner confiance en soi-même, ainsi que la joie de vivre. Je te dois tout cela et je ne te dirais jamais assez MERCI !

Je te souhaite de continuer encore très longtemps ta Mission ! Car beaucoup de personnes comme moi ont besoin de voir apparaître « ce rayon de lumière qu'on espère et qui illumine notre vie ».

Un ami sincère, Christian.

Les femmes, c'est plutôt ceci, ce poème qui vient de

L'île de la Réunion :

Jean-Claude,
Tu es l'île où l'on se réfugie, Tu es le secret parfait,
Tu es l'ombre de nous-même, Tu es la joie de vivre,
Le secret du bonheur.

Tu es la réussite d'autrui,
Tu es déçu devant la haine de certains, Tu es heureux
devant le bien que tu fais, Tu es seul conquérant
invincible.

Passe, le sourire vient
Donne, la vie renaît
Vois, on revit
Aide-nous, la reconnaissance est là. Seulement tu vis
pour les autres.

Tout est bonheur en toi Tout est joie en toi
Tout est bon en toi.

Mais toi, vis-tu ?
Mais toi, es-tu toi ?
Mais toi, fais-tu ce que tu veux ?

Quand on lui pose la question Jean-Claude répond

ceci :

- Lorsque nous rentrons dans les ténèbres elles ne sont pas si noires que cela, pour nous, les initiés. Mais nous souffrons pour les autres.

Je dis toujours que quand je suis chez moi, je suis « moi ». Mais dès que je sors de chez moi, je me sens agressé par toutes les misères qui me côtoient. Je les perçois, ces détresses muettes, invisibles pour les autres, elles me touchent ! Quand je rentre dans mon bureau, je suis sécurisé, parce que j'ai les moyens de les combattre.

Je n'ai jamais eu mal pour moi-même, j'ai mal quand je vois les autres se débattre dans les ténèbres qui, pour eux, sont opaques...

Les gens cherchent, cherchent n'importe comment, n'importe où, comme dans la ruée vers l'or. Ils cherchent, cherchent, cherchent encore jusqu'au moment où ils se découragent, parce qu'ils croient qu'il n'y a rien à trouver, ou que c'est trop difficile, ou encore qu'il faille avoir de la chance.

Alors pourquoi moi, pourquoi nous, les initiés, avons-nous trouvé ? Parce que nous nous sommes acharnés à chercher seulement et uniquement la vérité. Et lorsqu'on a découvert ce que les autres cherchent encore, que peut-on faire ? Les aider dans leur recherche !

Je ne peux pas dire que je suis impuissant puisque je parviens à aider ceux qui me consultent... C'est peu et beaucoup à la fois, car pour tous ceux qui errent dans les ténèbres cette lueur d'espoir brille comme une lumière aveuglante ! Mais je me sens impuissant... L'impuissance vient du malheur que les gens se font à eux-mêmes.

Ils se vengent sur eux-mêmes en croyant se venger de

quelqu'un.

Je suis malheureux, nous sommes malheureux de les voir se débattre ainsi... Je suis malheureux pour les autres, mais au fond de moi je suis heureux parce que je fais ce que je peux pour eux. »

Pendant ce temps le vieux monsieur qui ne pouvait plus marcher ne cesse de parcourir le salon de long en large. Il a hâte de rentrer chez lui ! Il se précipite vers l'ascenseur, on le sent prêt à descendre les quinze étages à pieds tant il est impatient... Pour sa fille, son gendre et son petit-fils, émerveillés, c'est un miracle ! Ils ne savent comment remercier Jean-Claude.

Il les interrompt :

- Il y a une phrase extraordinaire dans 1 'Evangile, mais personne n'en n'a vraiment compris le sens : « rendez à César ce qui appartient à César et à Dieu ce qui appartient à Dieu ». Ce qui Lui appartient n'appartient qu'à Lui.

« Ce que Dieu nous ordonne, faisons-le. Je le fais... Le reste Lui appartient. Que la volonté de Dieu soit faite !

Là est la vérité.

Je ne vous demande pas de croire, mais seulement de constater. »

Jean-Claude HAOUARIA répète cette phrase plusieurs fois par jour ! Soit, constatons...

D'abord il y a les coïncidences. Supposons qu'un événement heureux survienne quelques jours après une consultation chez Jean-Claude, on peut alors dire que le hasard fait bien les choses ! Mais lorsqu'on lit cette lettre, peut-on encore parler de hasard ?

Depuis plusieurs mois je me battais pour essayer de

réussir à atteindre l 'objectif que je m ' étais fixé, c'est-à-dire la création de mon entreprise. Mais toutes les portes que j'essayais de franchir restaient fermées, les gens que je rencontrais restaient sourds à mes demandes et mes dettes s 'additionnaient.

Après vous avoir consulté, vous m'avez donné des travaux à effectuer, chose que j 'ai faite dès le lendemain de notre rencontre. Dans le mois qui a suivi les différents organismes que j'avais contacté dans un premier temps répondaient favorablement à mes nouvelles demandes. Les banques acceptaient de me faire un prêt alors que je n'avais toujours pas plus de garanties, ni de caution. J'avais des rentrées d'argent (clients ou rappel d'organismes) qui me permettaient de renflouer petit à petit mes comptes et je commençais à régler mes dettes. Je suis devenu beaucoup plus positif dans ma tête.

Hier j'ai signé un bail concernant un appartement situé en plein centre-ville (chose inespérée !) pour la création d'une nouvelle affaire avec un loyer très faible par rapport à ceux pratiqués habituellement dans ce quartier. Le propriétaire m'a même accordé une facilité de règlement de mes premiers loyers.

Aujourd 'hui j 'ai vraiment l 'impression d'avoir tourné une page dans mon destin et je vois l'avenir plus rayonnant.

Je ne vous remercierai jamais assez car je vous dois beaucoup. Recevez toute mon amitié.

Des prêts bancaires, des rentrées d'argent, un bail avantageux en plein centre-ville, des facilités de paiement, toutes choses impossibles à obtenir auparavant... Une telle succession de bienfaits en moins d'un mois, est-ce l'effet du hasard ? Cela semble impossible ! Or des lettres de remerciement comme celle-ci, il en arrive sans cesse chez Jean-Claude. Force est bien de constater « qu'il se passe quelque chose » lorsqu'il intervient !

- Encore faut-il que les gens y mettent de la bonne volonté, précise Jean-Claude. Si quelqu'un me demande de l'aider à trouver un emploi et qu'il ne sort pas de chez lui, n'écrit pas ou ne téléphone pas, s'il ne fait savoir à personne qu'il cherche du travail, un employeur ne viendra pas sonner à sa porte... Aide-toi, le Ciel t'aidera !

Alors cessons de parler du « hasard » quand toute une famille sauvée de la débâcle grâce une action commencée depuis des années et poursuivie successivement pour chaque membre de cette famille, avec des résultats palpables, exprime sa reconnaissance en ces termes :

Monsieur Jean-Claude,

Je vous écris cette lettre afin de vous offrir ma gratitude pour toute l'aide que vous avez apportée à toute ma famille et à moi.

Je voudrais avant toute chose vous dire que je vous considère non pas comme « une personne » qui nous a tout simplement aidé, mais comme un ami et un véritable ami à qui l'on peut faire une totale confiance.

Grâce à vous, monsieur Jean-Claude, de nombreux problèmes, et de toutes sortes, ont été résolus. Tout d'abord dans le domaine professionnel, vous avez aidé mon père à obtenir une situation convenable et stable : depuis votre aide, qui date d'il y a à peu près six ans, il travaille dans la même entreprise.

Ensuite vous avez réuni mes parents : leur liaison était très critique, nous avons souffert neuf mois d'enfer, de disputes continuelles, il y a même eu une séparation.

Aujourd'hui ils sont de nouveau ensemble, et cela grâce à vos services.

Par la suite vous vous êtes occupé des enfants, du cas de chacun d'eux. Dans le cas de ma sœur aînée, vous l'avez guidée, mise en garde contre des éventualités qui pouvaient lui nuire.

Mon frère, qui pendant la nuit avait peur, ne pouvait s'endormir et dormir seul, prend de l'assurance vis-à-vis de lui grâce à votre intervention.

Ma petite sœur qui était trop nerveuse, n'arrivait pas à se contrôler : après quelques séances avec vous elle se maîtrise tout à fait. Je dirais que c'est un miracle.

Il y a eu également ma nièce : grâce à vous elle est revenue auprès de nous et par la même occasion nous nous sommes rapprochés de ma grande sœur (sa mère).

Quant à moi, vous m'avez aidé à trouver une école, en fin de troisième, et grâce à la force que vous m'avez transmise j'ai réussi à obtenir mon examen.

Aujourd'hui encore j'ai eu besoin de vous parler et une fois de plus vous m'avez guidée et vous m'avez éclairée et surtout vous m'avez donné espoir. Merci, j'espère vous revoir très très bientôt.

Malgré tout ce que j'ai dit dans ma lettre elle n'exprime pas tout ce que j'aurais voulu dire pour vous remercier. Les mots, aussi forts qu'ils puissent être, ne peuvent suffire pour vous remercier ou vous qualifier.

Monsieur Jean-Claude, à mes yeux vous êtes un dieu, une Lumière qui apporte la paix, le bonheur et la joie à tous ceux qui les cherchent. Encore une fois merci au nom de toute ma famille et de moi-même.

Une amie

Inutile de préciser que cette lettre, toute récente, est comme des centaines d'autres, datée, signée, qu'elle comporte un nom et une adresse et qu'on peut la lire dans l'un des dossiers déposés sur la table basse, dans la salle d'attente...

De tels éloges rendraient orgueilleux bien des hommes, y compris parmi les plus raisonnables. Jean-Claude se contente d'en sourire, d'un sourire attendri... Bien sûr il n'est pas un dieu, ni même un demi-dieu ! Mais il est sans doute un instrument de Dieu. Ce qualificatif ; il l'accepte. Toutefois il préfère se définir plus simplement :

- Je suis un homme ! J'ai une femme, car c'est la femme qui fait l'homme comme l'homme fait la femme. J'ai des enfants. Alors quand je rentre chez moi après avoir résolu les problèmes de mes patients je retrouve mes problèmes familiaux et personnels. Si je n'avais pas le temps de me régénérer je ne pourrais pas survivre !

Lorsqu'une personne remet sa vie entre mes mains je suis sûr de la sauver. C'est cela, « l'amour du métier » ! Mais cela demande un terrible effort de concentration, et lorsque je suis de retour à la maison c'est encore tout chaud dans mon esprit... Quand je pars à l'étranger pour répondre à des appels, je ne connais pas le pays, les embûches, les ennemis. C'est à moi d'être attentif à tout, à la Volonté de Dieu, aux gens qui s'égarent... Je vis alors dans un tel état de tension que personne ne peut vivre à mes côtés. Après cela j'ai besoin d'un temps de régénération. Certes je régénère très vite, mais tout de même... Il me faut un peu de temps.

Je suis seul. Seul avec mes responsabilités. J'ai des vies humaines entre les mains ! je ne peux pas jouer avec ces vies. Je n'en n'ai pas le droit. Mais puisque Dieu a porté sa croix, pourquoi ne pas assumer ?

Alors je lutte contre les charlatans. J'explique ce qu'est la croyance et la fausse-croyance. Je corrige les erreurs commises par des gouvernements !

Je vais jusqu'au bout sans me soucier de la fatigue. Je ne connais pas le découragement. Et chaque jour je recommence. Inlassablement... Parce que j'ai cette passion. La passion de ma mission sur terre. »

Les Sorties Astrales :

Pour mener à bien cette mission Jean-Claude HAOUARIA utilise les moyens de communication modernes, comme la radio, car contrairement à la télévision elle permet de réaliser des émissions de longue durée, deux heures et plus. Il a alors le temps de réaliser de véritables exploits de voyance et surtout de médiumnité. Les plus impressionnants sont ses sorties astrales, qui consistent à se transporter par la pensée au domicile des personnes qui lui téléphonent...

Du studio d'une station radio où il se trouve en compagnie d'un animateur ou d'un journaliste qui atteste de sa présence, il « visite » mentalement et décrit minutieusement le lieu d'où l'appelle un auditeur ou une auditrice. Voici un cas parmi bien d'autres, enregistré au cours d'une émission intitulée le Mur de l'Impossible - que Jean-Claude, nous le savons, franchit sans difficulté grâce à sa puissance mentale.

Jean-Claude HAOUARIA a commencé par faire une voyance par téléphone en direct à l'antenne, qui se révèle toujours exacte, bien qu'il ne dispose pas d'autre support que la voix de la personne qui appelle. Puis il lui demande la permission « d'entrer chez elle » - par la pensée, bien sûr, et sans que son corps quitte le studio !

Voici, résumé à partir d'un enregistrement sur cassette, comment s'est déroulée cette sortie astrale au cours de laquelle une partie de l'esprit du médium se déplace. Dans ce cas il s'agissait d'une dame, et avant d'entrer chez elle Jean-Claude demande une précision :
- Je sens une présence à vos côtés. Qui est-ce ?
- Mon mari.
- Il croit cela possible et en même temps il rejette cette possibilité. Il est très sensible, très susceptible... et un peu dégarni.
- Oui...
Puis Jean-Claude entre chez ces personnes :
- Dans la cuisine la vaisselle n'est pas faite... Je la vois sur l'évier. Pouvez-vous confirmer ?
- Elle est faite mais elle est restée sur l'évier.
Son orgueil de ménagère la pousse sans doute à commettre un petit mensonge ! Jean-Claude ne relève pas. Il poursuit :

– L'écoulement de l'évier a été bouché il n'y a pas très longtemps.

– Oui, c'est vrai.

– Par terre je vois une bouteille d'huile au 3/4 vide.

– Oui, c'est ça.

– La bouteille de lait est par terre à côté du réfrigérateur. Côté droit. Elle est à moitié pleine... elle a un bouchon bleu.

– Oui, c'est ça.

– Par terre vous avez quelque chose de gris avec une rayure.

- C'est le revêtement de sol.

– Vous avez quelque chose sur le réfrigérateur... une bouteille ?

– Un sablier.

– Dans la salle de bain, il y a un cellier.

– Oui.

– Dans la salle à manger vous avez une plante. Elle manque d'eau.

- Oui.

– Il y a une fenêtre... L'un des cordons de rideau a un embout, l'autre se termine par un nœud...

– Oui.

– Dans la salle de bain, il y a du linge sur le côté... Il y a une tablette, une petite étagère juste au-dessus de la baignoire... baignoire qui est ébréchée sur le côté gauche... Vers la sortie.

– Oui, c'est ça... Il y a un petit coup.

– Je vois une balance derrière la porte.

– Oui, derrière la porte.

– Sur la tablette il y a un flacon bleu, ouvert... son bouchon blanc est à côté.

- Oui, il n'est pas fermé.

Ici Jean-Claude marque une pause dans la visite de la maison. Il s'intéresse à la dame et à son mari :

— Votre mari a une cicatrice sur le côté gauche... Sur la jambe.

— Sur la jambe, oui.

— Cette dame porte très souvent des pantalons et des shorts...

— C'est ça, oui.

— C'est vous qui voulez un chien, ou votre mari ? Un petit chien...

— C'est moi. Je voudrais un petit chien, oui.

— Madame, avez-vous une montre qui ne marche pas ? Oui, la dame en a une. Elle va la chercher. Jean-Claude va la faire fonctionner :

— Madame, posez la montre en main droite sur le majeur et l'index. Posez votre pouce dessus et frottez-là doucement en faisant des rotations du pouce dans le sens des aiguilles
d'une montre. Au bout de sept rotations, arrêtez-vous.

Pendant que la dame frotte la montre Jean-Claude reprend la visite de la maison, qui se trouve à cinquante kilomètres du studio...

— Devant vous il y a un meuble moderne à trois portes. La clé du milieu manque... La porte grince.

— Oui, c'est exact.

— Dedans il y a un service acheté avant les fiançailles... en deux couleurs. Dessus il y a un plat en métal...

— Oui, c'est ça.

— Au-dessus il y a un cadre...

— Oui.

— Vous devez entendre le tic-tac de la montre, maintenant.

– Oui, elle remarche. Elle était arrêtée depuis plusieurs heures.

Donc Jean-Claude répare les montres à distance, par la pensée !

Il donne encore une foule d'indications sur la chambre de cette dame, il décrit l'entrée, puis il la remercie pour sa sincérité.

Tout s'est révélé exact. Impressionnant est un faible mot... Les auditeurs sont à l'écoute, attentifs. Pour Jean-Claude, c'est le moment de lancer son message :

– Il n'y a rien de surprenant dans tout cela lorsqu'on a la Foi ! Mon but est de lancer un défi aux charlatans. A ces gens qui vendent cinq mille francs des pots de plâtre avec une branche d'olivier « bénite ». Je leur lance un défi à la radio. J'appelle tous ceux qu'ils ont déclarés « envoûtés » et à qui ils ont pris dix mille francs, à venir témoigner afin que j'aie la possibilité de dénoncer publiquement cette supercherie, pour qu'il y ait moins de victimes.

Je suis là pour surveiller les agissements de ces gens-là. J'assiste mes sept disciples dans le monde afin de lutter contre ces individus qui s'enrichissent au dépend des autres, alors qu'ils sont incapables de faire quoi que ce soit. Je leur lance un défi direct ! Je les ai invités à cette émission. Ils ne sont pas venus, car ils profitent de la faiblesse des gens, mais lorsqu'ils rencontrent quelqu'un de fort ils esquivent l'affrontement.

Mais tôt ou tard je réussirais. Je suis patient. Il n'y a que la mort qui n'attend pas... »

A ce moment un auditeur, monsieur Benoît, a téléphoné. Voici en résumé son témoignage en direct à l'antenne enregistré sur cassette tel que l'on entendu des dizaines de milliers d'auditeurs :

- J'ai rencontré monsieur Jean-Claude HAOUARIA à Paris il y a quatre ans de cela. Il m'a sauvé la vie et guéri.

J'avais une hémorragie stomacale très grave. J'étais mal en point ! Les professeurs de médecine que j'avais consultés ne me donnaient jamais de réponse fixe. Ils me disaient que c'était grave, qu'ils pouvaient m'opérer, mais que je n'avais que 20% de chances d'être guéri. Je risquais un cancer du côlon.

J'ai eu la chance d'accompagner ma cousine chez Jean-Claude lorsqu'elle est allée le consulter pour une voyance personnelle.
Dès qu'il m'a vu Jean-Claude a dit à ma cousine : - Ce monsieur est gravement malade.

Avec son accord il s'est immédiatement occupé de moi au lieu de s'occuper d'elle ! Grâce à lui, et surtout grâce à Dieu, trois mois après mon bilan de santé était impeccable. Depuis quatre ans je suis guéri et en bonne santé... »

Puis l'animateur de l'émission lit à l'antenne la lettre que ce monsieur avait écrite quelques mois après avoir rencontré Jean-Claude, il y a quatre ans de cela :

Je tiens par la présente à vous remercier très sincèrement de m'avoir guéri définitivement de ce mal que les médecins n'arrivaient pas à vaincre depuis cinq ans avec tous les traitements et médicaments prescrits. Voilà quatre mois que j'ai eu la chance de vous rencontrer et ma vie a totalement changé, ainsi que l'atmosphère de la maison, la relation avec ma famille et surtout mon entourage.

Avant de rencontrer Jean-Claude, précise monsieur Benoît, il prenait énormément de médicaments à base de cortisone, des calmants, des anti-dépresseurs, etc. Depuis quatre ans il ne prend plus aucun médicament. Tout est rentré dans l'ordre, tant du point de vue santé que caractère...

L'animateur lui demande alors quelle était la réaction des médecins à cette guérison, à ce miracle, en quelque sorte... Monsieur Benoît a un rire heureux :

– Ils ont trouvé ça très bizarre ! Le médecin de famille n'a pas compris mais il était très content...

Sa femme, qui se trouve à ses côtés, confirme son témoignage :

– Nous habitons en province. Lorsque nous sommes venus le chercher à l'aéroport, avec nos enfants, après sa visite chez Jean-Claude, il avait déjà complètement changé! Alors qu'avant même notre couple n'allait plus du tout, tout est redevenu normal...

Lors d'une autre série d'émission avec une animatrice Jean-Claude a réalisé d'autres sorties astrales. En voici une, résumée rapidement :

La dame qu'il visite par la pensée habite en étage. Un trois pièces. Sur le côté, la cuisine, avec une gazinière ébréchée, de la vaisselle sur l'évier, des verres. Le réfrigérateur se trouve à l'entrée, près de la porte de la cuisine. Un objet se trouve sur le réfrigérateur. La fenêtre de la chambre est ouverte. Le lit est très grand, on a du mal à passer vers l'armoire, qui n'est pas tout-à-fait fermée.

Tout ceci est exact, dit la dame. Ensuite Jean-Claude décrit en détail la salle de bain, jusqu'au degré d'usure de la savonnette ! Et il ajoute :

- Dans la salle à manger une fenêtre donne sur un balcon, le rideau n'est pas entièrement fermé. Il y a une plante, « elle a soif ». Sur le buffet, vitré, il y a des photos en accordéon. Il y a un cadre accroché un peu en biais, une chaîne radio, un pot sur la table... Quelqu'un se déplace. Un homme, avec une particularité sur le bras. Il fait un geste.

Vers l'entrée il y a des chaussons ou des chaussures plates. L'une d'elles a une couture un peu ouverte.

Vers la chambre il y a une autre porte, c'est une autre chambre, celle des enfants. Il y a deux draps, l'un uni, l'autre avec des fleurs et des gribouillages sur les murs, avec des crayons-feutres par terre...

Tout cela est confirmé, point par point, par la dame très émue... Conclusion de l'animatrice de l'émission, très
émue elle aussi :

- Je crois que la preuve est faite. J'en suis sûre, même. Nous sommes tous très bouleversés, ici, dans le studio. Je peux vous dire que c'est la première fois ! C'est étonnant, ça tient du miracle. Comme vous l'avez dit, les miracles existent chaque jour !
Jean-Claude conclut à son tour :

- Pour moi la distance importe peu, le temps, l'heure importe peu... Toutes ces expériences sont faites pour prouver aux charlatans qui jouent sur la misère des gens que les pouvoirs occultes existent réellement. Je veux leur montrer ce qu'est un vrai médium.

Cette lutte contre les charlatans, Jean-Claude la mène sans relâche. Il insiste beaucoup sur ce point :

- Tant que Dieu m'en donnera la possibilité je poursuivrai ces gens pour les éliminer, avec l'aide de Dieu. Cependant je suis prêt à aider celui qui me prouve qu'il n'est pas un charlatan. Je suis là pour l'aider, pour agrandir la famille. Mais ces soi-disant « marabouts », s'ils possèdent des pouvoirs, qu'ils me tuent, sinon c'est moi qui ferais l'inverse ! Je l'ai fait en Afrique, dans les Iles, en France...

C'est une lutte à mort où, pour eux, tous les coups sont permis. Si j'étais déprimé j'aurais lâché prise depuis longtemps... Non, je vais, j'irais au bout, même s'il faut me sacrifier pour cela. Je n'ai pas le droit de sacrifier ma famille, mais moi, si je dois me sacrifier à mon idéal, je suis prêt.

J'ai été trahi. J'ai été déçu par des hommes qui se sont engagés, puis m'ont abandonné. Peu importe. Je donne parce que j'aime donner ! Comme tout le monde j'ai eu des moments de découragements... Heureusement, car sinon je ne serais pas un être humain ! Mais j'aime mon métier
comme un artisan aime le sien. Je continuerai à le faire malgré toutes ces déceptions. Je ne travaille pas à ma propre gloire. Je travaille à la Gloire de Dieu ! Je veux le glorifier pour que Son Saint Nom soit sanctifié dans le monde entier.

D'où viennent ces dons extraordinaires ? De Dieu, répond Jean-Claude HAOUARIA :

- Il y a plusieurs religions mais il n'y a qu'un seul Dieu. Tout
le monde le sait ! Même dans les religions dites « polythéistes », en Afrique, par exemple, on invoque le Dieu Suprême, le Tout Puissant. Le seul problème,

c'est que les gens naissent dans une religion et généralement se limitent à lire le Livre de cette religion, soit la Tora, soit la Bible, soit le Coran.

Si vous, les Européens, lisiez le Coran, cela ne vous priverait pas de vos racines, cela vous permettrait de comprendre ce qui se passe autour de vous. Et après, pourquoi ne pas lire la Tora ? La Vérité est la même pour tous, mais chacun la maquille par orgueil. Chacun de ces petits orgueils devient un très grand orgueil et cela dresse les gens les uns contre les autres.

Moi j'ai appris à lire dans le Coran, mais après je suis allé voir du côté de la Bible. Ensuite j'ai repris le Coran et je l'ai relu sans être influencé par mes origines. C'est comme cela que je l'ai compris en profondeur.

Dans mon enfance on lisait le Coran avec Foi et force. On connaissait les symboles. Ainsi, par exemple, l'honneur se portait sur le visage, symbolisé pour les hommes par le port de la moustache, devenu traditionnel. Lorsqu'on a rasé la moustache on a renoncé à l'idée qu'on se faisait de l'honneur. On a brisé la tradition, mais rien n'est venu la remplacer.

Je suis de ceux qui ne l'ont pas abandonnée. Aujourd'hui je vis en adulte avec ce que j'ai vécu dans mon enfance...

L'enfance d'un médium

Notre famille élevait des chevaux. On entend souvent dire que les chevaux arabes ont quelque chose de particulier, qu'on ne peut définir, des qualités qu'on ne trouve pas ailleurs. Eh bien, cela vient du fait qu'ils sont élevés selon une très ancienne tradition. Chez nous on calculait les lunes et l'on en tenait compte pour les naissances, le sevrage, la première monte... On se conformait aux cycles cosmiques car ils règlent les cycles naturels.

Respecter la tradition ne veut pas dire refuser le progrès : dans notre région les premières greffes d'arbres fruitiers ont été réalisées par mon père.

Or malgré son jeune âge il était marabout. Il ne buvait pas, ne fumait pas, n'avait connu qu'une femme, ma mère - qui ne savait ni lire ni écrire - et lorsqu'il faisait des bénéfices il en consacrait une part à l'exploitation et répartissait le reste entre ses employés... Il était un exemple pour tous et tous le respectait. Sa réputation s'étendait à toute la région. C'est pourquoi bien des cultivateurs l'ont imité et ont greffé leurs arbres selon ses conseils car loin de garder secret cette technique afin de gagner beaucoup d'argent par la vente de fruits plus beaux et plus nombreux, il en a fait profiter les autres après avoir sélectionné les meilleures variétés à ses frais. Ainsi il apporté une prospérité supplémentaire à notre région.

Dans nos familles paysannes le père primait. S'il était mauvais tout le monde était mauvais, s'il était bon tout le monde était bon. Toute ma petite enfance s'est donc déroulée dans ce climat de bonté, de dons, de générosité et d'amour désintéressé des autres...

Et puis un jour - j'avais six ans et demi - il a disparu
de la maison. En laissant un vide immense. Le vide de
l'absence... Cette maison si gaie, si vivante, était
devenue la maison du silence, peuplée de visages
anxieux, pâles, creusés par l'insomnie et les larmes.
On ne m'a donné aucune explication,
   ma mère m'a simplement dit que mon père reviendrait
bientôt. On ne parlait pas de choses graves aux enfants
!
   Mais moi je n'étais pas un enfant comme les autres.
      Je ne devais pas venir au monde mais je me suis
accroché à la vie en pleurant longtemps de toutes mes
forces. J'ai vu se dérouler mon arbre généalogique, puis
ma vie d'adulte, puis je suis redevenu enfant, puis
nouveau-né... Je m'en souviens très bien, et c'est
probablement ce qui différencie les médiums des autres
personnes. En général les premiers souvenirs remontent
à l'âge de trois ans, ce qui s'est passé avant est enfoui
dans le subconscient et ne se libère en partie que sous
hypnose, alors que chez les médiums ces barrières
mentales n'existent pas. Ainsi dès la petite enfance je «
voyais » ce que la plupart des gens ne voient pas, mais
je n'y attachais pas d'importance car je croyais que les
autres les voyaient aussi...

      Lorsque j'ai constaté que mon père n'était plus à
la maison j'ai rassemblé sous à sous l'argent nécessaire
pour payer mon billet et j'ai pris le train. Sans rien
dire à personne. Ma mère ne savait pas où j'étais, on me
cherchait partout !
      J'étais à l'hôpital. Je m'y suis rendu directement,
je savais que mon père s'y trouvait, bien que personne

ne me l'a dit ! J'avais des prémonitions depuis la petite enfance,
mais je ne savais pas encore si c'était des hallucinations,
de simples accès de nervosité ou un don de médium...

Je n'ai pas reconnu mon père. Il était très amaigri, affaibli... Il m'a pris dans ses bras, m'a serré contre lui...

Lorsque je suis rentré à la maison, au lieu d'inventer un prétexte, j'ai dit la vérité à ma mère. Lorsqu'on ment, on se ment d'abord à soi-même. Le meilleur mensonge est de dire la vérité... C'est écrit dans la Bible, c'est écrit dans le Coran, c'est écrit dans tous les Livres Saints. C'est la Vérité et il faut vivre dans la Vérité ! Celui qui vit dans le mensonge se condamne lui-même.

Je suis retourné voir mon père, nous avons longuement parlé. Je savais qu'il aimait la limonade du pays, et il n'y en avait

pas à l'hôpital. Mais je n'étais qu'un enfant de six ans et demi, je n'avais pas d'argent ! J'ai demandé :
« Seigneur, je sais qu'il aime ça... que faire ?»

La réponse est toujours dans la question ! J'ai pris une résolution subite. J'ai dit à mon père :
- Demain je t'apporte de la limonade.

Quand je donne ma parole je vais au bout, quel qu'en soit le prix, car si l'on ne respecte pas sa parole on ne se respecte pas soi-même. Là je ne savais vraiment pas comment faire, mais j'étais décidé à tenir ma promesse.
Il m'a regardé avec une énorme tendresse :
- Non, ce n'est pas la peine. Mais ce soir, reste avec moi.

Il m'a interrogé sur mes voyances - je ne savais pas encore que cela s'appelait ainsi - il m'a révélé qu'il

était lui-même voyant médium comme ses père, grand-père et arrière-grand-père car ce don se transmet de père en fils dans notre famille. Mon père savait, comme je l'ai su pour mon fils, le jour, la date et l'heure de ma naissance... Il m'a
transmis ses secrets, m'a donné des conseils, des formules et d'autres connaissances qui ne se communiquent qu'oralement. Je suis resté très tard avec lui, bien après l'heure des visites. C'était la première fois que le personnel de l'hôpital permettait cela, par exception, car mon père était très respecté.

Le lendemain, un vendredi, jour de prière, je n'ai pas pu venir car il n'y avait pas de train. Je suis revenu le samedi. L'infirmière m'a pris à part et m'a dit :
- Ton papa est mort.

Mon père savait depuis longtemps qu'il allait mourir à trente-quatre ans, à dix heures, un vendredi. Il l'avait annoncé à sa famille...

C'est ainsi que depuis l'âge de sept ans je suis habité par l'esprit. Mon père me conseille et me guide.

Selon la coutume l'un de mes oncles m'a recueilli. Sa femme ne pouvait pas avoir d'enfant, elle m'a donné tout son amour... Son mari en a éprouvé de la jalousie. Il m'a battu.

Lorsqu'on frappe un enfant il réagit en adulte : il croit s'être acquitté. Il se tient quitte de la faute qu'il a commise, puisqu'il a payé ! Ainsi au lieu d'être reconnaissant envers mon oncle je me suis détaché de lui et je me suis attaché plus fort à sa femme, ma mère adoptive... Cela l'a rendu encore plus jaloux !

Pendant trois ans la situation n'a fait qu'empirer, puis un jour, pris d'une véritable crise de folie, il a voulu me tuer. Je me suis enfui.

Je suis parti seul sur les routes. J'avais dix ans...

J'ai longtemps vagabondé. Et puis à force de prédire aux gens, dans mon entourage, des choses qui à chaque fois
S'avéraient exactes, j'ai décidé d'approfondir la question. A l'âge de dix-huit ans, je me suis testé et retesté... C'est ainsi que j'ai acquis la certitude de mes dons de médium et de voyant.

C'est alors que j'ai emprunté un tout autre chemin... Une très longue route. Celle de l'initiation à une Connaissance multimillénaire.

Cela fait près de trente ans que Jean-Claude HAOUARIA parcourt le monde. Aujourd'hui il exerce dans vingt-quatre pays. Il est le conseiller très écouté de dix-neuf chefs d'Etat, mais il reçoit tous ceux, illustres ou inconnus, pauvres ou riches, qui le sollicitent. Aussi, loin de rechercher la publicité, il la fuit !

Pourtant il ne s'accorde pas de repos... Le week-end il se rend souvent auprès de quelques médiums qu'il a rigoureusement sélectionnés pour leurs aptitudes. Tous se considèrent comme ses disciples, bien que Jean-Claude refuse le titre de « maître ».

A l'occasion de ces visites Jean-Claude reçoit gratuitement des personnes en difficultés. Les unes, confiantes, viennent d'elles-mêmes à l'invitation du médium, d'autres, sceptiques, sont emmenées par des parents ou des amis. Peu importe, Jean-Claude les accueille toujours par les mêmes mots :

- Je ne vous demande pas de croire, mais seulement de constater.

C'est ainsi que récemment il s'est rendu sur le littoral méditerranéen, d'où il avait chassé quelques charlatans
notoires.
La première personne qu'il a reçue était une dame.

Chez son disciple comme chez Jean-Claude on ne fait pas de simagrées, on n'y trouve ni décor exotique, ni robe de mage ! Les deux médiums portent un costume et une cravate, mais l'intensité de leur regard et l'énergie qui se dégage de leur personne intimidaient cette dame... La voix douce, les gestes calmes de Jean-Claude l'ont rassurée. Il lui a immédiatement parlé de ses problèmes, de sa vie privée, de l'origine de son mal, avec discrétion mais avec une grande précision dans les dates. Puis il a conclu :

- Cette dame est très nerveuse, elle souffre de crises d'épilepsie et depuis des années elle prend des médicaments tous les jours.

Elle a confirmé avec un sourire crispé. Tout cela était rigoureusement exact et pourtant c'est la première fois qu'il la rencontrait !

Jean-Claude a invité la dame à s'étendre sur le lit de soin. La séance de magnétisme a duré une demi-heure, en trois séries de passes.

Elle en est ressortie transfigurée. Métamorphosée ! Son visage ne portait plus aucune trace de tension nerveuse. Elle avait un sourire détendu, rayonnant. Cette dame qui parlait à peine, en butant sur les mots, ne cessait de bavarder... Elle avait rajeuni de vingt ans !

La journée s'est poursuivie ainsi. Un monsieur qui avait suivi en vain plusieurs cures de désintoxication était venu « à tout hasard », dit-il. Après une seule séance avec Jean-Claude, il ne boira plus jamais. Le médium l'a confirmé, un mois après cette séance : ce monsieur ne supporte plus ne serait-ce qu'un verre de vin !

Une autre dame souffrait de douleurs au ventre, chaque jour, à la même heure. Elle est repartie soulagée.

Le soir Jean-Claude HAOUARIA a repris l'avion pour Paris d'où il est reparti pour assister son prochain dans le reste du monde. Il n'a pas accepté un centime des gens qu'il a aidé, pas même pour rembourser, ne serait-ce qu'en partie, ses frais de déplacement.

Telle est sa mission.

Depuis des dizaines de milliers d'années certains hommes ont propagé des paroles d'une telle beauté, d'une telle grandeur et d'une telle importance qu'elles ne peuvent être d'origine humaine.

On a appelé ces hommes des inspirés, des envoyés, des prophètes (ce mot signifie « porte-parole »), ou des saints, et par d'autres mots encore, variables selon les langues, qui tous signifient que ces hommes ont transmis un message divin. Il est divin parce qu'il est éternellement vrai et universel, et cela quel que soit la forme qu'il emprunte, forme adaptée au peuple auquel il s'adresse. Il est donc l'expression, non d'une vérité, mais de la Vérité, or la Vérité n'appartient qu'à Dieu.

Cette Parole de Dieu, révélée par ces messagers, diffusée par les initiés (initiés à la Parole) sous la forme d'un enseignement « de bouche à oreille », puisque l'écriture n'existait pas encore, constitue la Tradition, qu'il ne faut pas confondre avec les coutumes. Cette Connaissance traditionnelle est double : la Tradition révélée était communiquée à tout le monde, car c'est la Loi divine sans laquelle les hommes vivraient comme des bêtes, tandis que la Tradition occulte était réservée aux initiés qui, rappelons-le, la pratiquaient partout dans le monde des milliers d'années avant l'apparition du peuple hébreu...et des religions !

Les initiés ont été appelés « sages » parce qu'ils diffusaient la sagesse par la Tradition révélée, et le plus souvent « mages », parce qu'ils pratiquaient la magie, c'est-à-dire la Connaissance de la Tradition occulte.

De nos jours Elie est connue sous le nom de Kabbale, de l'hébraïque ancien Qabb 'Allah, **qui** en réalité ne constitue qu'une partie de la Tradition universelle.

Les pouvoirs occultes

Voyants, devins, médiums, magnétiseurs, marabouts, gourous... Souvent ces mots sont employés les uns pour les autres car on ne sait pas très bien ce qu'ils veulent dirent. Les publicités promettent des merveilles, les horoscopes fleurissent dans tous les journaux.

Il est temps de clarifier tout cela pour mettre fin aux agissements des charlatans, affirme Jean-Claude HAOUARIA

Le voyant (ou la voyante) se base uniquement sur les cartes, généralement des tarots égyptiens ou marseillais. L'interprétation des cartes se cultive, car l'important n'est pas la carte elle-même que l'on tire mais l'ensemble du jeu leurs positions, leurs rapports entre elles modifient, augmentent ou diminuent la signification de chaque « lame », ou carte. Une connaissance approfondie des tarots permet de pratiquer une certaine forme de divination, mais ceux qui se prétendent « voyant » ou « voyante », voire « médium », simplement parce qu'ils ont appris à lire les cartes sont incapables d'aller très loin dans leur interprétation. Ceux des voyants qui possèdent une certaine médiumnité parviennent à donner plus de détails.

Le (ou la) médium se sert des cartes, lorsqu'il s 'en sert, comme support de sa divination. La médiumnité est un don qui se transmet de père en fils. Il apparaît dès l'enfance mais le jeune médium doit d'abord manger son pain noir ! Ce n'est qu'après avoir subi bien des épreuves, destinées à abattre son orgueil et le sentiment de supériorité qui se développe en lui lorsqu'il constate qu'il a ce don, qu'il peut vraiment deviner, traverser les murs. Le mur de l'impossible...

Qu'est-ce qu'un médium ?

On sait, et la science le confirme, qu'un individu moyen n'utilise que le dixième de ses facultés mentales. Les médiums utilisent le conscient, le subconscient et le sixième sens, celui de la prémonition, qu'ils peuvent faire fonctionner simultanément et séparément. Nous, les médiums, utilisons dix fois plus d'énergie mentale qu'une personne normale, nous sommes des émetteurs-récepteurs d'une sensibilité extrême. C'est pourquoi nous nous détectons entre nous... Nous avons des armes que les autres n'ont pas, et nous sommes toujours sur le pied de guerre.

Malheureusement nous sommes peu nombreux !

De même le radiesthésiste travaille par la pensée avec son subconscient et son sixième sens. J'utilise volontiers le pendule, qui est un objet personnel : chacun le règle sur sa propre « longueur d'onde ». Un radiesthésiste est aussi sourcier mais il existe des sourciers spécialisés, parce qu'ils sont uniquement sensibles à l'eau. Ils n'emploient pas forcément la baguette de coudrier, qui, comme le pendule, n'est qu'un amplificateur d'ondes et permet d'indiquer une direction avec précision. Je connais un sourcier qui travaille avec un fil de fer ou de n'importe quel autre métal. Lorsqu'il passe devant l'eau, qu'il s'agisse d'une source ou d'une simple conduite de distribution, sa baguette tourne instantanément à angle droit ! Cet effet spectaculaire, suivi à coup sûr de la découverte d'eau, persuade bien des incrédules qu'il y a encore beaucoup de « choses » inexplicables par la science...

La chiromancie est basée sur le même principe : les lignes de la main, la forme de la paume, des doigts et des ongles ne sont qu'un support, chacun possède son jeu divinatoire personnel.

On le voit : le support matériel et le mode d'interprétation varient, mais l'important est que la pensée soit forte. Tout le monde connaît la force de la pensée, car il arrive assez souvent qu'on pense intensément à quelqu'un et que cette personne téléphone ou vienne le jour même ou le lendemain. On parle alors en plaisantant plus ou moins, parce que cela fait peur, de « transmission de pensée ». Pourtant il s'agit bien de cela, on a lancé une émission très forte, un « cliché » mental.

Ce que tout le monde fait de temps en temps le médium le fait constamment, avec une intensité beaucoup plus forte et maîtrisée...

J'ai dit que le médium utilisait le subconscient et le sixième sens, mais aussi le conscient. C'est le domaine de la parapsychologie.

Le parapsychologue, dans son analyse, s'appuie sur le comportement, le regard, les traits du visage, la morphologie du corps. Le véritable sens d'un propos est dans l'intonation et surtout dans l'expression du visage, non dans les paroles dites à ce moment-là.

« Les paroles servent à déguiser la pensée », dit-on, mais celui qui est attentif au comportement ne se laisse pas tromper.

Il devine puisque ce n'est pas visible - l'état d'esprit de

la personne qui lui parle, et sait ainsi si cette personne est sincère ou non.

C'est par le comportement, dû à l'état d'esprit, que l'on communique inconsciemment avec les autres. Quand on est nerveux on ne rencontre que des gens nerveux, mais lorsque qu'on se sent bien on rencontre presque toujours des gens qui vont bien. C'est parce qu'on communique sa nervosité aux autres, ils se sentent mal à l'aise et deviennent agressifs pour se défendre - tout cela, bien sûr, inconsciemment... C ' est pourquoi lorsque vous êtes nerveux, ne perdez pas de temps : détendez-vous ! Lorsqu'il y a un problème, il y a toujours une solution. Si on ne la trouve pas soi-même un autre la trouvera. Si vous êtes nerveux les gens vont se braquer et votre problème s'aggravera, parce qu'ils vous rejetteront pour se protéger eux-mêmes... Ne vous raidissez pas dans l'adversité. Un pont trop rigide s'écroule toujours ! Il doit être souple pour tenir la charge. L'homme aussi...

Cette sagesse ancienne nous vient de la Tradition, aujourd'hui méprisée par la plupart des gens. C'est dommage ! Bien transmise et bien comprise, elle permet d'éviter la prise de tous ces « tranquillisants » que les psychiatres, entre eux, appellent la « camisole chimique », et que moi j'appelle des « abrutissants » parce qu'ils empoisonnent le corps et l'esprit.

Il s'agit là d'une médecine douce... Comme les remèdes tirés des plantes et des minéraux, telle l'argile, elle n'a ni « contre-indications » ni « effets secondaires », c'est-à-dire qu'elle ne détruit pas d'un côté pour guérir de l'autre. Elle agit par l'esprit sur les esprits perturbés... Cela paraît logique, rationnel ! Pourtant ce savoir traditionnel n'est pas reconnu, il est même combattu, pourchassé, persécuté, sauf par quelques médecins plus éclairés qui l'étudient. Il en est de même du magnétisme.

Le magnétiseur amplifie les ondes positives qui sont en nous grâce à des passes très précises. Il ne faut pas confondre ces ondes naturelles avec les ondes de la radio et de la télévision ! On les appelle « ondes » faute de les connaître mieux, car bien

que les scientifiques aient reconnu leur existence depuis les travaux du père du spiritisme Allan Kardec, publiés en 1860, ils sont encore incapables de les expliquer...

Les maîtres en arts martiaux japonais les appellent « énergies positives ». En fait leur art consiste à se débarrasser des « énergies négatives » qui empoisonnent notre corps. C'est ainsi que l'on peut voir, à la télévision, des démonstrations étonnantes de vieillards de quatre-vingts ans minces et fragiles qui renversent sans même les toucher une dizaine de sportifs jeunes et musclés, tous ceintures noires de judo ou de karaté ! Cela vient de la force de leur esprit libéré des énergies négatives, ces mêmes « ondes négatives » que le magnétiseur chasse du corps. Il ne faut donc pas s'étonner de voir des personnes sortir régénérées, épanouies et rajeunies d'une seule séance chez un vrai magnétiseur. Car là encore il s'agit d'un don, et aucune technique ne peut le remplacer !

Cent mille personnes se prétendent magnétiseurs. En fait on découvre assez vite que beaucoup d'entre eux gagnent de l'argent en jouant sur la crédulité des gens. Pour les déceler, ce n'est pas facile... J'ai lancé des défis depuis des dizaines d'années, mais personne n'a relevé... Pourtant il est un moyen simple de les éprouver, il suffit de deux steaks coupés en même temps dans un même morceau de viande ! Le magnétiseur manipule l'un des deux avec des passes : au bout d'une semaine ce steak doit rester parfaitement sain, tandis que l'autre est avarié. Si l'on faisait passer ce test à tous ceux qui se disent magnétiseurs, peu d'entre eux seraient reconnus capables d'exercer !

Le magnétisme est une question de fluide personnel et là il s'agit d'un don, mais aussi de concentration, de force mentale, et cela ne s'acquiert qu'avec beaucoup de travail sur soi-même.

Les ondes positives et négatives sont en nous comme le bien et le mal sont en nous. Dieu nous a donné tout en double : nous avons deux yeux, deux narines, deux oreilles, deux mains pour voir, sentir, entendre, toucher. Les femmes comme les hommes possèdent des hormones mâles et femelles, en proportions inverses selon leur sexe. C'est une loi de la nature : le positif, le « plus », n'existerait pas sans le négatif, le « moins », comme le bien n'existerait pas sans le mal. Ainsi du 1 on peut aller au 9, mais sans le zéro le 1 n'existe pas. Si tout était « bien » le monde ne pourrait pas fonctionner, si tout était « mal » le monde aurait été détruit... Mais attention, le bien et le mal qui sont dans les objets sont passifs, inertes, ce sont les gens qui les utilisent soit pour faire du bien, soit pour faire du mal ! De même nous devons choisir entre le bien et le mal qui sont en nous comme en toute chose.

Ainsi en est-il du pouvoir : c'est un bien et un mal. Il faut que ceux qui possèdent un talent ou des connaissances plus grandes dans tel ou tel domaine puissent commander, c'est-à-dire imposer leur point de vue. Cela fait gagner beaucoup de temps, parce que sinon la moindre décision à prendre provoque d'interminables discussions. Dans ce cas le pouvoir permet d'être plus efficace, c'est un bien... Mais l'immense majorité des hommes qui arrivent au pouvoir sont des malades : dès qu'ils ont un pouvoir ils dominent, ils deviennent des tyrans, ils l'utilisent mal, donc ils font le mal.

Il s'agit là du pouvoir temporel, celui qui s'exerce par la société et qui est régi par la force ou par des lois. Il existe aussi des pouvoirs occultes, ce qui veut dire cachés, parce qu'ils ne sont pas visibles, car ils proviennent de la force mentale et non de la force physique.

Depuis l'origine de l'humanité des hommes plus doués que d'autres ont pris conscience de ces pouvoirs. Mais l'homme qui découvrait des pouvoirs cachés réagissait souvent comme celui qui prenait le pouvoir temporel, il cassait, détruisait, devenait fou. D'où l'instauration des religions pour réguler tout cela : en réservant ces pouvoirs à certains hommes qu'ils jugeaient dignes de les exercer, les responsables religieux espéraient mettre fin à l'autodestruction du genre humain. Les pouvoirs occultes ont donc été déclarés partout « maudits », « diaboliques », autrement dit tabous, ce qui signifie qu'il ne fallait pas y toucher ou s'en approcher et que ceux qui les exerçaient étaient menacés de l'enfer ! L'enfer étant sur terre puisque ce sont les mortels qui le créent on les brûlait sur un bûcher « purificateur ».

Mais l'Inquisition a obtenu l'effet contraire de celui qu'elle recherchait : à cause de ses excès et des milliers d'innocents qu'elle a fait périr par le feu elle a détourné les hommes de la religion. De ce fait on revient à l'autodestruction car maintenant les hommes utilisent tous les pouvoirs sans aucun contrôle, soit pour dominer les autres, soit pour détruire.

Science sans conscience n'est que ruine de l'âme, disait le grand Rabelais...

En réalité il en est des pouvoirs occultes comme de toutes choses : on peut les utiliser pour faire le bien, c'est ce que les gens appellent « magie blanche », ou pour faire le mal par la « magie noire ». Voilà pourquoi tout le monde ne peut pas disposer de ces pouvoirs : parce que l'homme casse, détruit, divulgue inconsidérément les choses pour dominer, « être le plus fort » aux yeux de tous ! Il se comporte comme un petit enfant qui casse ses jouets. En fait tout individu a un pouvoir en lui, mais de même que chaque personne est différente des autres, chacun de ces pouvoirs est différent et plus ou moins fort, et cela pour au moins deux raisons :

Premièrement, parce qu'il faut de tout pour faire un monde, seule la diversité permet son fonctionnement harmonieux,

Deuxièmement, parce que nous avons tous sans exception une mission à remplir. Aucune mission n'est jamais exactement semblable à une autre, même si elles se ressemblent beaucoup. Donc pour des missions différentes il faut des pouvoirs différents.

Le médium a reçu un don à la naissance. Cela veut-il dire alors qu'il a tous les pouvoirs ? Non. C'est impossible, parce qu'il faut une diversité et que celui qui aurait tous les pouvoirs serait plus qu'un homme ! Certains ont le pouvoir d'agir, de créer, d'autres de parler ou d'écrire. D'autres peuvent avoir plusieurs pouvoirs, mais jamais la totalité, car pour être infiniment puissant il faudrait être infiniment sage, c'est-à-dire être Dieu... Soyons humbles : utiliser ses pouvoirs avec sagesse nécessite un apprentissage laborieux. Plus ces pouvoirs sont grands plus l'apprentissage est long et pénible. Ces épreuves transforment l'apprenti en compagnon, puis en maître.

En effet... Car bien que par humilité Jean-Claude refuse le titre de « maître » il a tout de même des disciples.

Voici, raconté par l'un d'eux, la longue route d'un disciple de Jean-Claude HAOUARIA :

– Dès l'enfance j'avais des prémonitions. Des intuitions s'imposaient à mon esprit dès que je rencontrais des gens. J'ai vécu une jeunesse étrange, car quand quelqu'un me parlait, au lieu de lui répondre je me mettais brusquement à lui dire, par exemple :

– Tu ne devrais pas sortir demain soir, parce que tu risques d'avoir un accident...
Il me regardait, étonné :

– Comment sais-tu que je dois sortir ? Je n'en n'ai parlé à personne !

Comment le savais-je ? Cette idée ou cette image avait surgi en moi, je « voyais » cette personne sortir, puis avoir un accident ou un problème grave et malgré moi je lui en parlais. Ce qui fait que l'on me considérait comme quelqu'un de bizarre... Mais lorsqu'on ne tenait pas compte de mes avertissements il arrivait ce que j'avais prédit ! Cela s'est su, les gens ont pris peur, d'autres se sont sentis gênés que je puisse deviner leur vie privée. On m'a tenu à l'écart. J'ai vécu dans la solitude... Seule ma mère m'acceptait tel que je suis.

Mes dons de voyance ont augmenté, j'ai fait un peu de télékinésie, autrement dit j'agissais sur les objets par la pensée. J'ai rencontré énormément de gens qui m'ont proposé de m'aider, de m'éduquer, de me mettre sur la voie... hélas j 'avais des dons, mais ne sachant pas les utiliser j'étais très fragile. Je suis tombé sur quelqu'un qui les a retournés contre moi, or je n'étais absolument pas protégé ! J'en ai subi les conséquences familiales, sentimentales, professionnelles... à tous les niveaux.

Et puis un jour, tout à fait « par hasard » - en fait je ne crois pas au hasard ! - j'ai pris un journal et j'ai vu une annonce toute simple : Jean-Claude HAOUARIA, voyant, médium, magnétiseur. Sur rendez-vous. J'y suis allé. Sans illusions ! Un de plus ou un de moins, sait-on jamais ?

Dès que je suis entré dans son bureau il m'a dit :
  - Monsieur vous avez ceci, il vous est arrivé cela, etc.
  C'était exact et pourtant je n'avais absolument rien dit !

En effet si vous entrez chez un voyant médium vous ne devez rien dire. Il doit simplement vous demander le thème de votre demande, un thème principal. A partir de cela le vrai voyant vous parle de votre passé, de votre présent et de votre avenir. S'il y a un problème autre que le thème choisi il vous le précise de lui-même.

C'est ce qui s'est passé avec Jean-Claude il m'a annoncé tous les événements importants de ma vie, leurs dates, les mois, les jours à quelques jours près, et cela pour des choses que j'étais le seul à connaître ! J'étais très impressionné...

Il a ajouté :

- Je vais te faire des travaux. C'est garanti. Je ne garantis pas des résultats dans quinze ans, mais dans moins de quatre-vingt-dix jours. Si dans moins de quatre-vingt-dix-jours il y a un problème tu viens me voir.

Je me suis conformé à la lettre à ses directives. Quinze jours, un mois ont passé... Je n'avais aucun résultat ! Je suis retourné le voir, et comme j'étais très impulsif- à cette époque je ne me contrôlais pas encore très bien - je lui ai dit :

- Vous êtes un charlatan ! Ça ne marche pas ! Il est resté très calme... Il m'a répondu :

- Montre-moi les travaux. Il y a un grave problème. Je ne me suis jamais trompé, ce n'est pas aujourd'hui que je vais commencer.

J'étais certain d'avoir exécuté correctement ce qu'il m'avait dit de faire. Enfin, après une discussion orageuse, sûr de moi, j'ai sorti les travaux. A ma plus grande confusion... Une protection n'était pas tout à fait étanche, l'un des travaux était mouillé. C'est comme si je n'avais rien fait !

Jean-Claude m'a déclaré :

- Tu es le seul qui ait osé me traiter de charlatan. Tu vas le payer ! Dans moins de neuf jours tu penseras à moi, parce que tu vas comprendre ce qu'est la vie et quelle chance tu as, ne serait-ce que de pouvoir marcher.

Trois jours après - et ce n'est pas de l'autosuggestion, je n'y pensais même plus ! - j'étais paralysé des deux jambes. Je ne sentais plus mes jambes ! Je lui ai téléphoné, j'ai reconnu mon erreur... Peu de temps après mes jambes ont recommencé à fonctionner.

Et puis un jour Jean-Claude m'a fait entrer dans son bureau. Une dame attendait là... Il m'a simplement dit :

- Cette personne est venue pour une voyance. A toi de lui dire ce que tu vois.

Il a fermé la porte. J'étais seul avec cette dame... Que faire ? Je me suis lancé ! J'ai parlé pendant presque une heure. J'ai dit ce que je voyais, en toute sincérité. La dame m'écoutait sans rien dire. Elle ne semblait pas étonnée...

Lorsque nous sommes sortis du bureau Jean-Claude lui a demandé si elle était satisfaite. Elle a répondu :

– Ce monsieur m'a dit la même chose que vous... Cette petite phrase m'a fait bondir de joie ! J'avais vraiment un don ! Mais Jean-Claude m'a prévenu :

– Dès notre première rencontre j'ai vu que tu possédais ce don. C'est pour cela que je t'ai éprouvé. Attention tu as encore du chemin à faire avant d'être un vrai voyant médium !

Car j'étais encore orgueilleux et susceptible, j'acceptais mal ses directives. Il me fallait une autre leçon...

J'avais une très belle voiture, très robuste, en très bon état, dont j'étais fier. Un jour il m'a dit :

– Demain tu devrais laisser ta voiture au garage. Moi, sûr de mes pouvoirs de médium et certain de ne pas avoir d'accident, je l'ai défié !

Le lendemain la voiture est brusquement sortie de la route et a fait trois tonneaux. Le dépanneur n'y comprenait rien... Elle était pliée en deux, inutilisable, et moi je n'avais pas une égratignure !

A partir de ce moment j'ai dit :

– Jean-Claude, dis et je fais.

J'avais compris que tout cela faisait partie des épreuves que doit subir un apprenti avant d'accéder à la maîtrise. Être un maître, c'est avant tout être maître de soi. Or apprendre à se maîtriser, cela demande du temps ! Il faut prendre le temps d'apprendre la patience... Heureusement j'ai eu la chance de pouvoir suivre Jean-Claude dans certains de ses voyages en Afrique, en Guadeloupe, en France. J'ai appris à ses côtés. Je peux dire que cet homme est fantastique ! Je sais, le mot est banal... Mais je n'en n'ai pas d'autres à proposer. Je pense être un bon voyant médium, mais je suis encore loin du niveau d'un maître tel que Jean-Claude ! Il dépasse tout ce que l'on peut imaginer :
je le connais depuis quatorze ans et je n'ai pas encore trouvé ses limites. Je crois que lui-même ne les connaît pas ! »

Mais alors, qui est Jean-Claude HAOUARIA ? Lorsqu'on lui pose cette question, il répond ceci :

- Je suis un mortel parmi les mortels, une poussière parmi les poussières. Seul un mortel peut être messager parmi les mortels. J'étais un grain de sable sur une plage, aujourd'hui je suis un grain de sable dans le désert et je veux rassembler une poignée de sable, c'est pourquoi je forme des disciples. Dieu m'a donné un petit pouvoir et je marche dans sa Lumière. C'est le seul trésor que je possède... C'est aux autres de me définir. Je ne suis rien par moi-même, mais Dieu m'a donné et ce don, j'essaie de le répandre autour de moi.

Je le répète, chacun a une mission à remplir dans sa vie. Il ne faut pas se demander où, quand et comment, la réponse ne viendra pas. On peut dire «je suppose », «je pense », «je suis presque sûr » qu'il s'agit de cela... L'important est de pouvoir dire : « ce que je fais, c'est et ce sera toujours l'essentiel ». Si chacun agit ainsi, selon ses possibilités, alors il aura rempli sa mission.

Une mission cela oblige à oublier parfois le côté matériel, même si l'on a la responsabilité de faire vivre une famille. Ainsi avec l'aide de Dieu j'ai toujours attaqué les sectes. Depuis trente ans je les combats partout où j ' en trouve ! Il y a quelque temps j'ai tué un « gourou » qui prétendait avoir deux ou trois cents ans. Il avait jusqu'à douze gardes du corps et se déplaçait en hélicoptère pour dépouiller les gens... Il s'est emparé de fortunes ! Je l'ai tué, c'est-à-dire que j'ai dévoilé sa supercherie en montrant qu'il s'agissait d'un simple mortel.

Lorsqu'on en arrive à des vols et des viols, des abus physiques et moraux sur des personnes mises en condition par des mascarades avec des costumes et des décors dit « occultes », lorsqu'on pratique l'hypnose pour s'emparer de bijoux et de terres, lorsque des gens modestes se font voler leur pécule économisé sou à sou et se retrouvent du jour au lendemain à la rue, alors que les travaux sont soi-disant garantis, et cela arrive partout dans le monde, alors il faut dire halte. Il faut réagir !

Les charlatans, qui se qualifient parfois de « marabouts » et le plus souvent de « grands professeurs », ont appris quelques formules en Afrique, aux Antilles ou à Haïti, mais sont incapables de faire de véritables travaux. On entre chez eux avec un problème et on en sort avec trente-six autres, après avoir perdu son argent. Cela peut se terminer en dépression nerveuse !

Si ces prétendus « voyants », « médiums », « gourous » ou « marabouts » se contentent de prendre de l'argent sans obtenir de résultats, ça n'est pas trop grave. Perte d'argent n'est pas mortelle... Si elle est légère ! Car des individus sans scrupules ont créé des sectes pour s'enrichir au dépend des gens faibles, à la recherche d'eux-mêmes, en promettant tout et n'importe quoi. Au nom de Dieu, ce qui est un sacrilège, ils les dépouillent de tous leurs biens, ils vont jusqu'à s'emparer de leur salaire ! Et les sectes s'attaquent aux enfants, comme je l'avais prévu depuis longtemps. A partir des années 70 des escrocs ont exploité la crainte et la peur de la fin du monde. Des gens y ont cru ! Ces sectes ont pris leurs enfants et maintenant ils pleurent ces enfants perdus...

Des associations ont été créées pour combattre ces malfaiteurs, mais elles sont assez peu efficaces, car les lois
protègent mal ce genre de victimes. C'est pourquoi les bons médiums, et il y en a de très bons, heureusement, doivent réagir vigoureusement et se coaliser pour éliminer ces dangereux charlatans.

Quant au public, il ne doit pas se laisser impressionner par des mises en scène grotesques et des discours délirants. Il doit savoir que le mal peut être dû à des causes très différentes. Voici quelques exemples :

Les envoûtements :

Les personnes qui souffrent ne sont pas obligatoirement envoûtées. Certaines ont simplement un besoin de sécurité et vont le chercher chez le premier venu qui se prétend médium. Or ces « médiums » incompétents font des travaux qui, dans leur cas, ne sont pas justifiés ! Ils ajoutent un deuxième problème au premier, qui peut être un simple blocage psychologique. Lorsque ces personnes en difficultés se croient envoûtées, puisqu'un soi-disant « médium » leur a dit, c'est la catastrophe ! Découragées, perdues, désespérées, accablées par le destin, pris dans l'engrenage de la fatalité, elles renoncent à lutter et sont prêtes à payer n'importe qui pour être délivrées de cette malédiction... qui, en ce qui les concerne, n'existe pas !

Alors, comment se manifeste un véritable envoûtement ? Il faut être prudent : ce n'est pas parce qu'on a mal à la tête, qu'on perd la mémoire ou qu'on est malade qu'on est envoûté.
L'envoûtement, c'est un ensemble de symptômes : la perte d'appétit,
des insomnies,
les jambes lourdes,
des pertes de mémoire soudaines et intermittentes, l'impossibilité de réaliser des projets, des achats importants... rien ne se réalise, tout devient illusions.

Les véritables envoûtements sont de plusieurs types et notamment ils peuvent se faire de façon rituelle ou par ce qu'en Orient on appelle « le mauvais œil ». Car il y a de la force dans le regard... Une « baguette magique » n'a rien de magique, ce n'est qu'une antenne ! Elle émet des ondes parce qu'on l'a cueillie à telle date, tel jour, telle lune, sur tel arbre, mais tout cela n'est rien sans la force de la pensée. Quelques formules sont nécessaires au moment où l'on tend la baguette, cela permet de concentrer sur l'individu toute l'énergie émise, mais cette énergie vient du médium!

C'est cette capacité d'émettre de l'énergie qui nous distingue des autres. Dans tous les pays où je passe ceux qui sont récepteurs ressentent cette émission, sans même me connaître. Lorsqu'ils apprennent que je suis médium, cela ne les surprend pas... Cela s'appelle « l'imposition », et je n'ai pas besoin de poser mes mains sur la personne pour la réaliser.

De même qu'un ingénieur remarque immédiatement les défauts d'une voiture alors qu'un acheteur est incapable de les voir, dès que je regarde quelqu'un je sais s'il a été touché ou s'il n'a pas été touché par un envoûtement, ou si c'est psychologique.

Il y a tous les degrés dans la perception de cela. Moi je peux envoûter à distance par la pensée. Je peux le faire de jour ou de nuit. C'est ancré en moi.

La régression du temps

Lorsque des personnes ne sont pas envoûtées mais souffrent d'un blocage psychologique, qui peut dégénérer en maladie psychosomatique, il faut les traiter par une régression du temps afin qu'elles puissent se souvenir d'événements refoulés dans le subconscient, donc totalement oubliés. Le ou les événements qui créent ce blocage se sont peut-être produits très tôt dans leur enfance, parfois à l'âge de deux ou trois ans. On les aide à remonter le temps jusqu'à leur naissance si nécessaire, en tout cas jusqu'au point faible, afin qu'elles puissent l'exprimer, donc le faire passer du subconscient au conscient et ainsi, s'en libérer. Le fait d'en parler efface ce grain de sable qui bloque la machine mentale. Cela suffit : ces personnes commencent aussitôt une vie normale.

Les psychologues, sophrologues et autres spécialistes qui traitent ces cas par hypnose ne vont pas au-delà de la vie actuelle. Le médium peut aller plus loin, parfois jusqu'à la première naissance. Ainsi avec un jeune homme nous sommes arrivés en 1510 puis nous avons remonté ses vies jusqu'à sa dernière réincarnation...

En Guadeloupe j'ai rencontré quelqu'un qui a été trois fois prince et trois fois assassiné. Cet homme est né en Guadeloupe, mais en régressant le temps j'ai vu qu'il avait vécu peu de temps auparavant, soit environ trente ans, en Martinique. Il était marchand de bestiaux et travaillait avec un commis qui s'occupaient des bêtes qu'il achetait dans les fermes pour les revendre au marché. Il l'a surpris dans la grange avec sa femme et le commis l'a tué d'un coup de hache.

Lorsque cet homme s'est souvenu de cette vie antérieure, la maladie mentale inexplicable qui l'empêchait de vivre a commencé à se dissiper. Il n'arrêtait pas de revivre ce moment, il disait : « cette salope, cette salope !»

Nous avons fait venir un psychologue et un psychiatre ainsi que quelques membres de sa famille pour l'accompagner, et nous sommes allés en Martinique sur les lieux du crime. Il n'avait jamais quitté la Guadeloupe et pourtant il nous a amenés directement à la ferme. Il fallait le tenir à plusieurs, tant il était animé d'une force surnaturelle ! Pour le calmer, je lui ai dit :

— Tu as confiance en moi ? On va trouver la
vérité ! Alors pourquoi t'emportes-tu ?
Il m'a répondu :

— Tu ne peux pas savoir ce que j'ai souffert
jusqu'à ce jour ! Ce jour est celui de ma naissance !
Lorsque nous sommes arrivés à la ferme il s'est écrié :
— Oh, la grange a changé !

De fait cette grange avait été aménagée en salle à manger d'été. Bien sûr les témoins restaient sceptiques ! Je lui ai dit :

–   Moi, je te crois. Mais peux-tu donner à ces ignorants une preuve palpable de ton existence antérieure ? Il a regardé autour de lui, puis il a murmuré :

–   Heureusement ils ne l'ont pas trouvé...

–   Quoi donc ?

– Tu me fais le serment et tu fais jurer à ces gens-là qu'ils ne trahiront pas ?

Il ne voulait pas être traité en bête curieuse, ni faire des tests et autres « expériences » ... Nous avons tous prêté serment. Alors il a dit :

– Enlevez cet anneau scellé dans le muret derrière vous trouverez le trésor qui j'avais caché là et qu'ils ont cherché pendant trente ans !

Effectivement dans cette cache on a trouvé des pièces d'or et des billets, des grosses coupures de l'époque.

Un vrai médium peut remonter le temps et se projeter dans l'avenir. En ce qui me concerne, j'ai annoncé mes prédictions jusqu'en 2015.

La maison

Parfois le mauvais sort semble s'acharner sur une famille. Les deuils, maladies, accidents, échecs scolaires ou professionnels et conflits familiaux se succèdent inexplicablement. Là encore il ne s'agit pas obligatoirement d'un envoûtement ! Ces faits se produisent souvent après un déménagement... Une maison, qu'elle soit neuve ou ancienne, peut être imprégnée. De telles maisons sont souvent construites sur des terrains que les médiums appellent « charognards », soit parce qu'à cet endroit de nombreuses personnes ont péri de mort violente à la suite de batailles ou de massacres, soit parce que des sources d'eau mauvaises y surgissent. Il se peut aussi que des gens récepteurs et émetteurs très sensibles aient vécu là, ce qui engendre une foule de problèmes. Ainsi l'on constate, parfois, que certains restaurants ou magasins sont très fréquentés, alors que leurs concurrents, à côté ou en face, mieux aménagés, ont peu de clientèle. Cela vient du fait qu'on se sent bien chez l'un et mal à l'aise chez l'autre. On retrouve cette sensation dans tous les lieux publics ou privés.

Une personne ou une famille peut être victime à la fois d'un envoûtement et d'une maison imprégnée. Si l'on traite l'un sans se préoccuper de l'autre on n'obtiendra pas des résultats satisfaisants. Mais les soi-disant « mages », « marabouts » et « médiums » sont bien incapables de détecter et encore moins de traiter ces cas !

La Magie noire

J'ai dit qu'il y a deux sortes de magies : la magie noire et la magie blanche. Elles sont connues depuis la plus haute antiquité notamment en Afrique, où l'on étudiait la nature de très près. C'est pourquoi la magie noire utilise des hallucinogènes et des ingrédients à ingurgiter. Car les possibilités de l'esprit humain sont illimitées, mais heureusement la plupart des hommes ne savent pas les localiser pour les mettre en pratique, car ils les utiliseraient pour dominer les autres ! Ces breuvages cassent les barrières mentales qui interdisent aux communs des mortels d'y accéder.

A l'ancienne époque les hommes avaient une sagesse, une maîtrise de soi, et l'on ne pouvait accéder à ces pouvoirs qu'après une longue initiation religieuse. Ainsi le Vaudou est une religion, c'est pourquoi ses adeptes ont toujours su se servir des ingrédients, dont les hallucinogènes, qui sont des produits toxiques. Aujourd'hui elle est dispersée dans plusieurs pays, et chacun utilise les ingrédients propres à son territoire, mais la base reste la même. Dans certains cérémonials le ou la médium entre en transes jusqu'au dédoublement de la personnalité avec un génie frappeur, pour faire le mal, il peut ainsi toucher quelqu'un à n 'importe quelle distance... Mais ce n'est pas donné à tout le monde, grâce à Dieu !

Maintenant la sagesse a disparu, n'importe qui fait n'importe quoi. Un individu se procure un livre, le lit rapidement et se proclame « médium » ou « sorcier ». Il mélange écritures arabes et ingrédients sans savoir ni pourquoi ni comment. Non seulement les charlatans ne connaissent pas leurs propres produits, mais de plus ils sont incapables de se protéger !

Moi je m'interdis de faire le mal. Lorsqu'une personne est attaquée par des moyens occultes je la protège comme je me protège moi-même. J'ai utilisé mes produits pour moi-même, puis pour ma famille, mes enfants. Tous sont testés sept ans avant d'être proposés aux gens. Je ne me sens pas le droit de proposer autre chose : ce qui ne vaut pas pour moi ne vaut pas pour les autres ! J'emploie des Saintes Ecritures bien plus anciennes que la Tora, plus anciennes que tout, elles ont plus de huit mille ans...

Et surtout il faut avoir la Foi. Je n'attaque ni la religion, ni les Eglises, chacun est libre de pratiquer le culte de son choix selon sa conscience, j'affirme simplement qu'aucune religion ne peut remplacer une Vérité : la Foi. C'est-à-dire que si l'on n'est pas sincère, si l'on n'a pas la Foi, la pratique religieuse ne signifie rien. En ce qui me concerne ma religion est intérieure et je me protège au nom de Dieu. Lorsqu'on est sincère et que l'on aime faire le bien on peut aller au bout en restant serein.

Chez tous les charlatans on trouve une croix car ils prétendent se protéger derrière un Christ. En fait se sont des suppôts de Satan parce qu'ils ne croient qu'à l'argent. Ils font du mal, inconsciemment pour la plupart, mais les erreurs s'accumulent et depuis ces vingt dernières années il y a une autodestruction pratiquement incalculable ! C'est pourquoi je provoque les soi-disant « sorciers », cette catégorie de sorciers qui ont seulement lu un livre et ne sont même pas sûrs de leurs recettes ! Certains ont voulu m'atteindre, ils

m'ont envoyé des émissaires. Malheureusement pour
eux ces soldats étaient trop faibles pour me toucher !

La magie blanche

C'est une approche spirituelle. On obtient des résultats uniquement par des prières, des impositions. Pour guérir certaines personnes nous n'avons pas le droit de toucher à l'argent. Les patients font des donations aux œuvres et surtout des prières... quand elles sont faites avec Foi. Ceux qui peuvent demander à Dieu sont ceux qui sont à l'hôpital, ceux qui ne peuvent plus bouger, les amputés... Les dons de Dieu sont inestimables, celui qui veut se purifier retrouve Dieu en lui. Les miracles existent tous les jours à condition d'avoir la Foi.

De nos jours, malheureusement, les gens délaissent les lieux de culte. Il y a de plus en plus de suppôts de Satan, c'est-à-dire des gens intéressés par l'argent, des adorateurs du veau d'or ! Une partie des gens qui fréquentent les lieux de culte le font par crainte ou par conformisme, parce qu'ils doivent y être vus en raison de leur rang ou de leur fonction. On ne peut plus les distinguer de ceux qui ont la Foi. C'est déplorable...

Je sais que ce que je vais dire va irriter des gens et pourtant je dis ceci en mon âme et conscience : je n'ai pas peur de Dieu parce que je n'ai rien à me reprocher. Celui qui a peur, c'est toujours parce qu'il a la conscience chargée. Celui qui fait le bien autour de lui n'a pas le cœur serré, mais dilaté d'amour pour Dieu.

Les prédictions

Avoir des dons de médium ne suffit pas, il faut les cultiver et les perfectionner. Il n'existe évidemment pas d'écoles pour cela, si ce n'est l'école de la vie ! Je ne suis jamais allé à l'école et pourtant je peux parler à tout le monde, cela s'enchaîne naturellement. Je m'étonne moi-même ! Je n'ai pas trouvé d'explication à ce don de la parole, même en tant que médium...

Un médium est avant tout un émetteur-récepteur d'une grande sensibilité. Les prédictions surgissent dans mon esprit sous forme de flashes, de clichés, et personne ne sait encore comment cela se produit... Quand je regarde une carte du monde, j'ai l'impression de voir comme d'un satellite tous les événements à venir, et cela sans le vouloir. Nous appelons cette vision un « transfert ». De même qu'un son aigu ou une lumière violente agresse le cerveau de toute personne qui les perçoit, de même le mal a un impact qui touche les médiums très sensibles et déclenche des sorties astrales à n'importe quel moment, indépendamment de notre volonté. Cet impact se transforme spontanément en informations précises et l'on prédit. Moi-même je ne peux pas définir comment j'interprète ces images qui me permettent non seulement de prédire mais aussi de deviner... Or il est facile de se protéger des agressions sonores et visuelles, tandis qu'un médium ne peut pas « fermer le bouton » lorsque ces émissions l'atteignent, de sorte que les informations le touchent à n'importe quel moment, en raison des décalages horaires.

Un véritable médium est jour et nuit à l'écoute du monde. Il sait ce qui va se produire, il est véritablement le vigile de l'humanité, le gardien de l'avenir toujours en éveil. On vit sans vivre lorsqu'on est médium et magnétiseur...

Bien sûr pour arriver à ce stade il faut beaucoup d'amour, beaucoup de lumière, beaucoup de sagesse... On ne peut propager sans cela ! Hélas il cst parfois possible de dévier la marche des événements mais le plus souvent nous sommes impuissants face aux catastrophes qui vont se produire, soit parce qu'on ne peut prévenir les gens, soit parce qu'ils ne nous croiront pas. Il est évident que si je téléphone au directeur d'une compagnie de chemin de fer ou d'aviation pour lui dire : «je suis voyant médium, j'ai prédit la catastrophe du Paris-Dakar et je sais qu'un accident va bientôt avoir lieu entre telle et telle date sur telle ligne », il va me prendre pour un mythomane, un poseur de bombes ou un mauvais plaisant !

Pourtant aucun moyen scientifique ne peut remplacer la prémonition. On sait combien il est difficile de prévoir le temps à plus de deux jours, voire pour le lendemain. Les erreurs sont fréquentes, et cependant les météorologistes ont une grande expérience et disposent des ordinateurs les plus puissants. Mais les ordinateurs ne sont que des machines à calculer des données fournies par l'homme, or le nombre de données est immense et la plupart sont inconnues. En ce qui concerne l'histoire, le nombre de données est, à l'échelle de l'homme, infini. Il n'est donc pas question de calculer des probabilités...

Chaque année la revue de l'Institut de Parapsychologie ISIS, réservée aux professionnels, publie les prévisions des voyants médiums. En 1985 j'avais prédit les tremblements de terre et les catastrophes aériennes qui ont endeuillé le monde cette année-là.

L'une d'elles me touchait de près... Ma femme, mon beau-père et ma belle-mère devaient passer des vacances aux îles Canaries. La veille un flash m'est apparu de nuit -comme pour presque toutes les catastrophes, car ils s'imprègnent dans mon subconscient. Le matin au réveil mon premier réflexe fut de déchirer les billets d'avion... Ma femme s'est affolée ! Je lui ai décrit mon flash : j'avais vu un petit monsieur qui lisait le journal, dont le gros titre annonçait, en espagnol : catastrophe aérienne, 513 morts... Ma famille a cru que je délirais, néanmoins je lui ai demandé d'attendre. A midi la radio nous annonçait que deux avions s'étaient télescopés sur une piste. 513 voyageurs avaient été tués dans l'accident...

Dans cette revue j'ai prédit bien des événements politiques qui se sont effectivement produits. Lorsque je suis revenu de la Guadeloupe on m'a demandé de parler de l'avenir de cette île, agitée de troubles politiques, mais j'étais braqué sur l'Algérie, elle s'était imposée à mon esprit. Le pays semblait calme et pourtant je voyais la tragédie à venir, une véritable guerre civile. Hélas, ces événements ont eu lieu, comme on le sait...

A la suite de cela des animateurs radios m'ont invité dans leurs émissions, car ces prédictions les avaient impressionnés par leur précision et leur justesse.

Ces flashes s'imposent à mon esprit à tous moments... Une autre année, toujours pour ce même journal professionnel, on m'a présenté une carte du monde. Mon regard s'est immédiatement porté sur le

Yémen, j'ai aussitôt déclaré : « voilà un tout petit pays dont on n'a pas parlé
depuis longtemps.

Mais il va connaître une effusion de sang. Cependant la situation va s'améliorer puis se régler grâce à un accord entre les grandes puissances » (à cette époque la rivalité entre les USA et l'URSS était encore très vive). Pourtant, comme je ne m'intéresse pas à la politique je n'étais au courant de rien ! De toutes façons ces événements ont surpris tout le monde, y compris les spécialistes de ces questions, tant ils étaient imprévisibles... Or ils se sont passés comme je les avais annoncés.

Mais si j'avais écrit au président du Yémen pour le prévenir on m'aurait accusé d'être payé par un autre Etat pour créer des désordres politiques ! C'est ainsi que réagissent les gens aveuglés par leurs passions ou leurs intérêts : quand j'ai prévenu la presse qu'un séisme allait dévaster l'Algérie on a prétendu que j'avais reçu de l'argent d'un pays voisin pour porter atteinte à son tourisme...

Chaque année mes prédictions étaient censurées car, sans le savoir, je dévoilais des secrets d'Etat ! C'est pourquoi j'ai renoncé à les publier. Je ne veux pas être mêlé à l'agitation politique, aux ambitions personnelles, aux rivalités entre les groupes de pression et les partis.

A quoi sert de prédire ?

Il s'agit, d'une part, d'aider les gens les plus déshérités avec les moyens dont je dispose, la sagesse, les conseils et la Tradition. Toutes les religions reposent sur cette base.

Mais ma mission consiste surtout à empêcher l'autodestruction, due au manque de sagesse et de religion. Pour combattre le mal que je prédis ou devine, au vrai sens, divinatoire, du terme, j'effectue, grâce à une initiation de haut niveau, des travaux d'une très grande puissance. Je ne suis pas seul, nous sommes neuf personnes pour les faire, c'est pour cela que j'ai la certitude de réussir. Depuis des années je travaille pour 24 pays et nous avons pu éviter ou atténuer bien des catastrophes.

Malheureusement si l'on parle du bien les gens ne nous croient pas, mais si l'on parle du mal il se répand très vite, parce que le mal flatte nos mauvais instincts...

C'est aussi pour cela que je parcours le monde, pour dire que le mal existe, pour propager cette Connaissance.

A-t-il un danger à prédire l'avenir ?

Un homme sensé, s'il est averti, « en vaut deux », dit le proverbe... Non pas deux, mais dix ! S'il en tient compte tant mieux pour lui, il s'évitera bien des déboires et des malheurs, s'il ignore mes avertissements je ne peux aller contre sa volonté.

Les prédictions permettent aussi de mettre à l'épreuve ceux qui se prétendent voyants médiums. Nous l'avons fait sur une très grande échelle : à la suite d'un appel mondial 3 900 personnes originaires de 34 pays ont envoyé leurs prévisions par écrit à des huissiers qui ont mis ces documents sous scellés. Un an après, les documents ont été lus en présence d'un groupe de parapsychologues. Sur ces 3 900 personnes, trois seulement avaient fait des prévisions exactes...

J'insiste encore sur ce point : attention aux charlatans ! On ne peut pas les laisser promettre, par exemple, de « faire gagner au loto », même si parfois quelqu'un affirme de bonne foi qu'il a gagné grâce à cela : il est évident que si l'on donne au hasard un million de combinaisons différentes à un million de personnes il y a de très grandes chances pour que l'une d'entre elles mise sur un numéro gagnant ! Je le répète, il faut lutter contre ces escroqueries, contre les soi-disant « porte-bonheurs » fabriqués par millions dans des usines en Corée ou à Taïwan, achetés dix francs et revendus mille francs. C'est un scandale intolérable parce que les victimes sont toujours des gens sans moyens qui mettent leur dernier espoir et souvent leurs dernières ressources dans ces grossières supercheries.

Comment reconnaître un vrai médium ?

D'abord si l'on se sent angoissé en entrant chez un médium ce n'est pas bon signe. Ensuite un vrai médium ne pose pas de questions, il demande simplement sur quel thème doit porter la voyance. Je dis bien : sans poser de questions, il est capable de trouver le pourquoi, le comment, il doit donner des dates et annoncer ce qui va arriver.

Un voyant médium digne de ce nom voit très vite si la personne qui le consulte traverse une période de malchance ou si elle est victime d'une intervention extérieure. Il y a des degrés dans la possession, qui peut être, comme je l'ai dit, une possession de l'âme, de lieu, d'objet. Les prières et les exorcismes doivent correspondre à ces degrés. Un médium doit être capable de faire le plus de bien possible dans le minimum de temps, en général moins de 90 jours.

Un médium n'a pas le droit à l'erreur. Je considère que je n'ai pas le droit à l'erreur ! Je ne peux pas énoncer des prédictions si je n'en n'ai pas la certitude absolue, car la moindre erreur est condamnable. Si je m'engage, je vais jusqu'au bout. Si je ne peux pas, je le dis tout de suite.

Pourtant l'erreur est humaine ! Oui, mais un médium ne peut vivre comme tout le monde. Il lit à livre ouvert dans le passé, le présent et l'avenir des personnes qu'il rencontre. Cela lui donne des responsabilités écrasantes et le terrible privilège de connaître l'heure de sa mort comme celle des autres. En ce qui me concerne je sais à quel âge je mourrais (je ne le précise pas par égard pour ma famille), ce sera un lundi à 8 heures et 3 minutes.

Mais je ne veux pas annoncer celle des autres et je ne le ferai jamais, car je suis là pour construire et non pour détruire.

Parfois, c'est vrai, j'ai peur de ces pouvoirs. Je suis très vigilant, je reste sur mes gardes même en dormant, et pourtant je dors très peu, à peine quelques heures par nuit... Mais personne ne peut prétendre être infaillible. C'est pourquoi je veux regrouper autour de moi des gens qui possèdent une certaine sérénité, une certaine sagesse.

Ma vie est limitée mais je sais que mon fils prendra le relais, car dans notre famille ce don se transmet de génération en génération, et malheureusement nous ne vivons pas très longtemps. Mon père savait qu'il mourrait à 34 ans, un vendredi à 10 heures. C'est arrivé au moment prévu et c'est comme cela depuis sept générations...
Je suis le dernier des sept générations précédentes.

Mon fils est né au jour et à l'heure prévus, à dix minutes près. Il est le premier de sept générations à venir. Il dépassera tout cela.
Il dépassera l'imagination...

Les gens sont impressionnés par ce qu'ils voient, le spectaculaire, et non par ce qu'ils ne voient pas. Ces pouvoirs occultes (occulte signifie caché) fascinent. Certains ont voulu s'en emparer... Ils n'ont pas compris qu'on ne peut être un mage que si l'on est un sage !

C'est pourquoi cette Connaissance est tenue secrète, car la sagesse est longue à acquérir et les hommes sont impatients... Ils ont donc déformé la Tradition, soit par naïveté, soit par ambition. La Tradition révélée a dégénéré en religions polythéistes, idolâtres, avec des dieux et déesses à l'image de l'homme. C'était stupide mais simple à comprendre, donc facile à exploiter par des pseudo-prêtres avides de pouvoirs et d'argent !

Quant à la Tradition occulte, elle fut d'autant plus facilement singée par des charlatans qu'elle était inconnue. Ils en ont fait une caricature grotesque, et ainsi, lui ont fait un tort considérable.

Le sage tient son pouvoir visible de l'invisible. C 'est à dire de l'esprit. Les temps sont venus, cette vérité doit être propagée ! Jean-Claude M. Haouaria a décidé de mettre par écrit de façon claire et simple, accessible à tous, des éléments de la Connaissance, afin que par ce Message immémorial chacun puisse librement emprunter de lui-même le chemin de la Sagesse.

La sagesse qu'il possède, qu'il a acquise après avoir parcouru une longue route, il souhaite la partager. M'offre à tous.
- Ce qui m'a été donné, je le donne, répète-t-il. C'est un autre aspect de sa mission.

Que celui qui veut entendre entende, et qu'il médite.

La pensée va plus vite que la lumière

**La vie est une bougie, chaque seconde la consume.
L'éternité est dans la flamme, non dans la bougie.**

Ce symbole signifie que la vie n'existe qu'en brûlant son support, comme une bougie. C'est ainsi que se perpétuent les végétaux, les animaux et l'homme. Le corps n'est qu'un support qui se consume en permanence.

Quant à l'éternité contenue dans la flamme, c'est l'esprit. L'esprit éclaire l'âme, le « moi », la conscience de chacun, comme la flamme éclaire les ténèbres. Il est la Lumière spirituelle.

D'où vient l'esprit ? De cette réincarnation que tout le monde rejette, à l'image de la bougie neuve qu'on allume à la flamme de la bougie usée.

Cela signifie aussi que la vie est précieuse, que chaque seconde compte. Une horloge avance ou retarde mais ne recule jamais, parce qu'elle marque le temps, et le temps s'écoule dans un seul sens. L'homme ou la femme la plus riche du monde ne pourra jamais racheter l'heure passée ! Si l'on comprend cela, on comprend qu'en « perdant son temps » on perd le plus précieux de soi-même. On gaspille le support de notre esprit, notre corps, qui se consume irrémédiablement. On abrège le temps imparti à notre esprit. Or, dit l'Evangile, ce qui naît de la chair est chair, et ce qui naît de l'esprit est esprit. Nous connaissons la chair de notre chair, ce sont nos enfants. Que savons-nous de l'esprit qui naît de notre esprit ? Rien, si nous ne prenons pas le temps de chercher !

Le corps vient de la nature et retourne à la nature après avoir fait son temps, tandis que l'esprit n'est pas de ce monde, car il est hors du temps.

En effet le temps dépend de la vitesse de la lumière, vitesse qu'on ne peut dépasser, sauf par la pensée : la pensée va plus vite que la lumière. Ainsi, par exemple, la lune se trouve à un peu plus de trois cent mille kilomètres de la terre et la vitesse de la lumière est très proche de trois cent mille kilomètres par seconde, il lui faut donc environ une seconde pour aller de la terre à la lune. La pensée, elle, s'y rend instantanément.

Telle est la puissance de l'esprit, à l'image de la Toute-Puissance de l'Esprit divin. 11 est au-dessus des lois de la nature. Il ne doit obéissance qu'à la Loi divine.

Dieu nous a donné l'arme absolue : l'esprit. Mais chaque homme voit à son image et non à l'image universelle de Dieu. Il se contemple dans un miroir, il ne voit que son corps et il a peur de mourir. Il faut regarder à travers le miroir pour voir ce qui ne meurt jamais : l'esprit.
Celui qui atout n'a rien.
Celui qui n'a rien a tout.
La noblesse est dans l'esprit, la pauvreté sur le corps.

La richesse empêche de voir l'esprit. Voilà pourquoi celui qui a tout n'aura rien. La pauvreté libère l'esprit. Voilà pourquoi celui qui n'a rien a tout. On arrive en enfant et l'on repart en entant : un et nu.

Si notre amour pour Dieu est à la mesure de ce qu'il nous a donné (et qui est vendu par l'homme, qui n'a rien créé mais seulement modifié), alors pourquoi avoir peur de Celui qu'on aime ?

Nous venons de la terre, comme le rappelle le symbole de l'argile. Les initiés l'ont compris, les autres non, parce qu'ils ne veulent pas comprendre. Donc ils ne comprennent pas pourquoi nous retournons à la terre...

Le monde est un recommencement éternel. Le mot infini signifie « recommencement éternel » : construction et autodestruction se succèdent, la vie est une lutte permanente entre le bien et le mal. L'homme doit participer à cette lune car il est fait pour cela, s'il ne peut pas ou ne veut pas lutter il s'ennuie et lorsqu'il s'ennuie il se détruit. C'est pourquoi ceux qui la recherche trouveront une autodestruction plus rapide...

Tant qu'on n'a pas compris cela on recommence... Nous sommes tous des pièces uniques, en principe on ne devrait jamais recommencer. Mais nous avons besoin de beaucoup de valeurs pour nous guider... Or ces valeurs, certains se les approprient au détriment des autres pièces uniques. Au risque de les perdre ! Et de fait, elles sont perdues...

Ces valeurs, y compris le peu qu'ils ont réussi à s'approprier, nous, les initiés, nous nous efforçons de les propager, souvent au péril de notre vie. Combien d'entre nous sont morts sur le bûcher pour « crime de sorcellerie » ? Et cependant nous continuons à travers les siècles, à propager cette Vérité qu'aucune religion ne peut prétendre remplacer : il n'y a jamais eu trente-six lumières, mais toujours une seule Lumière, c'est le Dieu d'Abraham, Dieu de Moïse, Dieu de Jésus-Christ, Dieu de Mohammed et d'autres que je ne néglige pas, qui tous nous ont enseigné l'amour du prochain afin de rassembler notre famille humaine. Nous continuons au nom de cet amour, selon la Divine Parole : il n'est pas de plus grande preuve d'amour que de donner sa vie pour ceux que l'on aime.

L'amour est la meilleure maman qui puisse exister. C'est aussi cela, l'infini ! Car pour les initiés l'infini n'est pas un recommencement mais une suite, parce qu'ils sont une famille unie et que dans cette famille nous gardons le fil conducteur : la Tradition. La plupart des hommes ont perdu la Tradition, ifs sont donc obligés de recommencer.

Les initiés ne cherchent pas le recommencement éternel, ils cherchent au contraire à avancer vers la Lumière, en sachant qu'ils sont dans le noir, les ténèbres.

Les autres hommes sont aussi dans les ténèbres, mais ils n'ont jamais cherché à savoir pourquoi ils sont dans les ténèbres. S'ils cherchaient, ils trouveraient, ils sauraient qu'il existe forcément une Lumière...

Pour moi l'Infini, l'Eternel, c'est Dieu. Par moment on est incapable de prononcer son nom ! La plupart de gens ne s'adressent à Lui que pour demander...
Et lorsqu'on demande Il répond :
« Pourquoi demandes-tu, puisque ce que tu demandes

tu l'as déjà ? Je t'ai donné l'intelligence. Je t'ai donné le courage. Je t'ai offert tous les trésors de mes bienfaits et parce que tu es incapable de t'en servir, tu me mets en cause !»

En fait Dieu est en nous, la Lumière est en nous, la Sagesse est en nous. Que peut-on Lui demander de plus ?

Pourtant si l'on tombe, on demande : « pourquoi mon Dieu ?» Il vaudrait bien mieux dire : « pourquoi diable ?» Si je suis tombé c'est ma faute, une faute d'inattention ! Lorsqu'un enfant casse quelque chose il ne dit jamais de lui-même « c'est moi qui l'ai cassé », et lorsqu'il est obligé de reconnaître que c'est lui, il ajoute « je ne 1 'ai pas fait exprès ». Quand nous, adultes, avons la même réaction, nous nous conduisons en enfants !

En hiver un cerisier est sec. Il bourgeonne au printemps, on voit ses fruits en été et perd ses feuilles en automne. Chaque chose en son temps. Nous aussi, nous devons attendre le temps, et savoir que nous récolterons si nous avons semé ! Mais on ne veut pas reconnaître cette loi. On est impatient, on veut tout, tout de suite, on est déçu, on cherche un bouc émissaire... Une fois de plus, nous nous conduisons en enfant capricieux. Nous sommes tellement faibles par la chair, le côté matériel, que nous voulons nous pardonner à nous-mêmes !

Dieu est Bonté et Amour. Avec l'aide de Dieu la bonté et l'amour sont en nous. L'Eglise est en nous. Pour pouvoir sauver une âme, je prie en moi. Ma religion est en moi ! On peut prier n'importe où, même chez soi, dans un endroit simplement propre, par respect, il n'est pas nécessaire d'aller dans un lieu spécial. Le Temple est en nous !

Les rites sont des symboles, il ne sert à rien de les suivre à la lettre - scrupuleusement- si l'on n'en respecte pas l'esprit - si l'on n'est pas sincère. Ainsi les musulmans doivent se laver avant la prière. Quand ils se trouvent en plein désert, là où il n'y a pas d'eau, comment font-ils ? ils peuvent se laver avec une pierre. Ce qui compte, c'est la Foi. On trouve toujours un bon prétexte pour ne pas se laver moralement mais en vérité on peut toujours ! Comme le dit la sagesse populaire, « même sur le dos d'un âne je peux faire mon devoir ».

Celui qui a la Foi n'est pas aveuglé par la Lumière, c'est-à-dire n'a pas peur de la mort. La mort ne dure qu'une seconde ! Un roi n'a jamais été roi avant d'être couronné, et la mort est le couronnement de la vie. Elle est présente en permanence à nos côtés. Elle peut être au bout d'un chemin, d'un escalier, d'un simple morceau de pain mal avalé ! Elle nous accompagne.
Pourquoi avoir peur de sa propre compagne ?

Le charnel est une enveloppe qui contient l'esprit le plus longtemps possible. Quand on se brûle ce n'est pas la chair qui est touchée, mais l'esprit. Et celui qui a la Foi peut aller plus loin, avec ou sans brûlure. Tout est « psychologique », c'est-à-dire dans l'esprit. Il faut vivre en sérénité, en accord avec la nature, avec le temps.

Lequel de nous ne fait pas au moins une faute dans la journée, ne serait-ce qu'en pensée ? Il faut s'accepter tel qu'on est et accepter ce que l'on a en soi. Celui qui a un ou deux vêtements les porte avec plaisir, celui qui en possède dix ne sait pas lequel choisir. Dieu lui a donné la prospérité et il ne sait pas s'en servir ! Il devient méchant...

Chaque enfant était adulte avant d'être enfant et ensuite il pleure parce qu'il trouve le malheur. Il ne peut l'admettre. Il casse tout !

Mais celui qui peut l'admettre ne fait qu'observer, conserver, améliorer. L'homme n'a rien créé, il ne fait que modifier. Il en est de même dans la nature : rien ne se perd, rien ne se créé, tout se transforme, affirme la science. La machine la plus sophistiquée ne vaut rien sans l'homme, car c'est lui qui lui donne une parcelle de son intelligence. Lui, il s'abrutit lui-même.

Si vous acceptez les lois de la nature vous n'êtes plus déphasé. Vous allez vous accepter vous-même, vous pouvez vous regarder en face et tenter de vous comprendre, donc de comprendre les autres, puisqu'ils sont vos semblables. Vous n'êtes plus choqués par eux, au contraire, ce qui est bon pour vous est bon pour eux, donc vous le donnez, vous le partagez.

Mais la plupart des gens sont tellement égoïstes qu'ils tuent tout. Nous sommes trop personnels. Trop à l'écoute de nous-mêmes ! Heureusement les femmes font souvent l'inverse, elles essaient de comprendre l'autre. Mais pourquoi l'un et l'autre ne donneraient-ils pas ? La vérité se donne par le geste vers l'autre, par l'amour. Mais l'amour, on veut tellement le conserver qu'on oublie de le donner ! On commence dans la lumière de l'amour et l'on finit dans les ténèbres de l'égoïsme parce qu'on oublie la lumière... Et si on la garde en soi, on ne peut la propager, alors les autres restent dans les ténèbres. Ils deviennent agressifs, se replient sur eux-mêmes...

L'homme est égoïste et met de l'orgueil et de la fierté dans ses actes. Dieu nous a donné l'orgueil et la fierté parce que ce peut être des qualités, par exemple pour lutter contre la lâcheté et la paresse, mais nous les utilisons presque toujours comme des défauts. On ne devrait agir que par amour, celui qu'on nous a donné afin de le donner à notre tour. Si l'on donne cet amour fraternel on le donne avec fierté, parce qu'on est sûr qu'il est utile. Utile aux autres, donc à soi-même.

Dieu a tout mis à notre disposition : des livres, les Saintes Écritures, et des gens saints. Tous les jours on consulte le calendrier pour voir la date, et pourtant Dieu nous a donné chaque jour un martyr ! Mais on regarde la date, jamais le nom du martyr. Si l'on y prenait garde, et que l'on réfléchissait aux messages qu'ils nous ont laissés, nous n'aurions pas de problèmes. Il nous a tout donné à notre main !

Il n'y a qu'une seule parole juste et vraie. Mais elle est trop proche de l'homme, cela l'ennuie. Il va chercher très loin ce qui est tout proche, car elle est en lui ! Alors il va chercher un mystère, et après un autre mystère. S'il avait compris le premier mystère il n'irait pas en chercher d'autres, car tout est inclus dans le premier. Le venin est dans l'homme, il ne le sait pas et s'empoisonne lui-même. Et lorsqu'il donne du poison aux autres il fait semblant de s'apitoyer, en disant : « c'est malheureux ». En fait c'est catastrophique !

L'homme a peur du Mystère divin.
Pourquoi avoir peur de Celui qu'on vénère ?

Dieu a donné le poison et le contre-poison. Il ne l'a jamais caché. L'un sans l'autre n'existe pas, c'est ainsi que la création s'équilibre.

Dieu a donné la mesure. Mais l'homme n'a jamais su mesurer ce qu'il fallait mesurer. Et parce qu'il n'a jamais su mesurer, il est démesuré.
Celui qui sait mesurer, le sage, dit ceci :

- Ce que Dieu t'a donné l'homme ne peut te l'enlever. Il ne peut que te nuire. Si tu n'as pas peur, laisse l'autre te frapper. Si tu tombes, dit-lui : « excuse-moi, car je suis là pour te relever ». Mais si tu veux le relever avant qu'il tombe, il va te rejeter, refuser ton aide, parce qu'il ne sait pas qu'il va tomber. Si tu persistes, il va te traiter de fou ! Et pourtant tu sais qu'il va tomber parce qu'il touche à ce qu'il ne doit pas toucher. Mais ce n'est qu'après être tombé qu'il te dira : «si j'avais su je t'aurais écouté ».

Voilà pourquoi la plupart des sages se taisent. S'ils donnent des conseils les gens les insultent ! Chacun prétend savoir ce qu'il a à faire. L'orgueil aveugle, la vanité rend sourd, et ceux qui ne voient rien et n'entendent rien n'existent pas. Car tous nos défauts sont dans l'esprit ! Il n'y a pas de femme « frigide » et la stérilité est un rapport au passé. Tout est mental !

Il n'y a qu'une réalité, c'est l'esprit. Le reste est un miroir qui aide l'esprit à agir dans un monde d'apparences. Cette connaissance fondamentale proclamée par les initiés depuis des millénaires a été clairement formulée par le grand philosophe et mathématicien René Descartes : je pense, donc je suis, écrivait-il, car la seule chose dont je sois absolument sûr, c'est que je pense. Et je ne peux pas m'empêcher de penser, ajoutait-il.

Cela signifie que notre esprit est autonome, c'est une entité, il existe indépendamment de notre volonté, c'est-à-dire de notre « moi ». C'est pourquoi le suicide ne mène à rien, car il abrège la vie du corps mais jamais celle de l'esprit. L'esprit on ne peut le trouver, et malgré les recherches sur le cerveau on ne le trouvera pas. Et pourtant il est en nous ! Celui qui se tue coupe le fil conducteur du corps à l'esprit mais le pire est de se faire incinérer, parce que la rupture est plus grave encore.

Le fil conducteur nous relie à notre héritage spirituel. On peut hériter de notre grand-mère, de notre oncle, de notre frère. J'ai traité plusieurs cas de ce type, dont l'un, caractéristique, d'un garçon très jaloux de son frère. Quand il est mort il s'est imprégné en lui et son frère l'aimait tellement qu'il s'est laissé envahir. Le charnel avait disparu mais l'esprit était en lui.

Ce fil conducteur est d'une extrême importance, car c'est grâce à lui que l'on n'est pas un étranger perdu dans un monde incompréhensible.

En effet lorsque l'on naît on est imprégné par un esprit qui peut être originaire de n'importe quelle partie du monde, afin d'accomplir un cycle : on vient en enfant et l'on part en enfant. On critique souvent les vieillards, on dit vulgairement qu'ils deviennent « gâteux ». Non ! Ils ont terminé leur cycle, en bien ou en mal.

Tout est prémédité dans ces réincarnations au fil des siècles. Et tout se passe à la naissance... C'est à la première aspiration d'air - le premier cri - que se fait la réincarnation, et ceci indépendamment du sexe : un mâle peut avoir une réincarnation femelle et inversement. A la seconde même du premier cri le nouveau-né voit sa vie, de l'adolescence à sa mort. Il revient à lui au septième cri. S'il ne crie pas c'est qu'il refuse cette réincarnation, ce n'est pas sa mission, il meurt pour renaître et mourir une fois de plus.

Nous sommes aussi imprégnés par notre lieu de naissance, par l'éducation des parents, de l'école, du milieu social, etc. Tout ce qui concerne les vies antérieures est « oublié », c'est-à-dire enfoui dans le subconscient. Mais au cours de notre vie notre passé revient parfois en « flashes » très courts et très rapides qui font irruption dans notre conscient et disparaissent aussitôt. Il n'est pas rare d'entendre quelqu'un affirmer : «je suis sûr d'avoir déjà rencontré cette personne », alors qu'il est tout-à-fait impossible que cette rencontre ait eu lieu. Parfois, aussi, on a l'impression étrange d'avoir déjà vécu telle ou telle situation, pourtant entièrement nouvelle... Ce qui est impossible dans notre vie actuelle s'est produit dans une autre vie ! Pourquoi devient-on amis intimes ? Parce que l'on retrouve celui ou celle que l'on connaissait bien. On en connaît les subtilités, « on a l'impression de se connaître depuis toujours », dit-on parfois d'amis rencontrés depuis peu. Ce n'est pas une impression, c'est une certitude ! Il en est de même du sentiment amoureux : on est attiré par quelqu'un, on s'entend merveilleusement bien ensemble parce qu'on a de nombreux points communs, alors qu'on n'en n'a aucun avec celui ou celle qui tente de nous séduire.

C'est pourquoi, je le répète, le plus important est le fil conducteur qui nous relie à nos parents. Sans lui notre esprit serait égaré entre des époques et des endroits différents, il serait perdu entre ses vies antérieures et sa vie actuelle. Or lorsque l'enfant est désiré la mère lui donne le meilleur d'elle-même, mais s'il est venu par accident le fil conducteur est mauvais, il n'est pas net, clair, blanc, transparent. L'enfant est déjà en danger parce qu'il n'est pas désiré.

Certes il y a de la beauté dans l'obscurité, et celui qui n'a pas su vivre dans les ténèbres n'apprécie pas la lumière.
Mais l'enfant a besoin de tant de lumière ! S'il n'est pas vraiment désiré il se retrouve seul. Il ne peut se recharger. Dans quel état atteindra-t-il l'âge adulte ? Comme une voiture après un mauvais rodage il n'atteindra jamais sa pleine puissance.

La réussite de notre mission sur terre, « réussir notre vie », dépend donc du conditionnement subi dans l'enfance et surtout de l'amour donné à ce moment crucial.

Cela est vrai pour tous, sans exception... Ceux qui exercent un métier ne sont pas nés avec ce métier en eux ! Celui qui veut être aviateur, s'il échoue, peut choisir un autre métier dans l'aviation pour vivre dans l'amour des avions. Ceux qui renoncent se condamnent. Ils arrêtent le temps et la vie, et après ils se demandent pourquoi ils sont malheureux ! Pourquoi ? Mais parce qu'ils se sont condamnés eux-mêmes !

Ainsi celui qui veut être artiste sait que c'est difficile. Il doit être patient, attendre l'inspiration, le moment où la lumière apparaît. Or la plupart des apprentis artistes sont impatients, ils se torturent pour « gagner du temps », ils s'acharnent, ne pensent plus qu'à ça, ils en perdent le boire et le manger, comme dit l'expression. Ils en oublient de vivre ! Ils se sont condamnés... En vain ! Il faut toucher à beaucoup de choses pour arriver à LA chose, et comme je le répète sans cesse, être patient : chaque chose en son temps. Mais les gens veulent uniquement cette chose, tout de suite ! C'est un caprice. Ils ont été mal aiguillés.

Pourquoi les vrais artistes sont-ils tellement rares ? Pour la même raison que parfois, lorsque des restaurants sont voisins, l'un est complet chaque jour et les autres vides : parce que c'est le seul où le cuisinier fait son métier avec
amour. Les autres se condamnent eux-mêmes à
l'échec.

Il faut oser. Oser c'est vouloir, vouloir c'est pouvoir. Dieu nous a tait à son image, personne n'est condamné dès sa naissance ! Un coupable n'a jamais été coupable avant de commettre un crime ou un délit. Tout le monde est assassin, tout le monde est intellectuel, tout le monde est bon. Le blanc et le noir sont en nous tous ! Tout dépend des conditions de vie pendant l'enfance. Si elles créent un manque de maîtrise de soi, tout peut arriver...

Le manque d'amour est grave, mais d'autres erreurs, commises de bonne foi, peuvent l'être aussi. Souvent une mère veut se racheter sur ses petits-enfants des erreurs qu'elle a faites avec ses enfants. Mais elle oublie qu'elle est déphasée dans le temps, entre sa propre enfance et celle de ses petits-enfants il s'est passé un demi-siècle ! Le monde a changé, les mentalités et le mode d'éducation doivent aussi changer...

Ceci ne constitue qu'un exemple parmi bien d'autres. Il ne faut pas surprotéger les enfants. Ils doivent aborder la vie, l'affronter, affronter ses difficultés très tôt. Si un enfant tombe une fois, il fera attention à ne plus tomber ! Une chute n'est qu'un avertissement, il faut en tirer les leçons... Lorsqu'on est choqué par un malheur, on se demande « pourquoi cela m'arrive-t-il, à moi ?» Il faut chercher dans ce choc les éléments de réponse. La réponse est dans la question !

Un enfant n'est pas naturellement angoissé, ce sont les parents qui lui transmettent leurs angoisses. Il faut laisser faire la nature, le laisser développer son instinct de survie.
Il ne faut pas mettre la vie taboue. Le tabou est la négation de la vie. Il n'y a pas de tabous ! Tant qu'il y a mâle et femelle il n'y a pas de tabous. C'est la nature. Elle est ainsi faite. Il faut l'accepter telle qu'elle est !

Un jour, je suis allé à la pêche avec un ami. Il avait roulé pendant cinq cents kilomètres pour me rejoindre et je voulais lui faire plaisir. Or il y avait dans cette rivière un brochet très célèbre dans la région parce que personne ne pouvait le prendre. Je lui ai dit :
- A huit heures, prends une cuillère de telle couleur et lance-la ici. Tu l'auras.
Il l'a eu ! Pourquoi ? Parce que je ne regardais pas le bouchon mais la rivière, le monde des poissons. J'étais avec eux, dans leur petit monde à eux, «je me mettais à leur place », donc je savais que le brochet était là et qu'à huit heures la position du soleil nous donnerait une lumière favorable. J'étais content de voir mon ami, face à la nature, essayer de la comprendre...
Car comprendre c'est aimer, aimer c'est comprendre. Cela permet de voir avec l'esprit ce qu'on ne voit pas avec les yeux !
« Voir avec l'esprit » cela signifie réfléchir. Lorsqu'on répond sans réfléchir, par orgueil, on se condamne.

Mais l'homme se regarde dans une glace, c'est son corps, non son esprit, qui se réfléchit. Il se fascine lui-même !

Aujourd'hui l'être humain est devenu un mortel. L'être humain existait tant que la Foi et l'amour, ces fils conducteurs essentiels, se transmettaient d'une génération à l'autre. Le maillon de cette chaîne ininterrompue, c'était la vie familiale : en bien ou en mal, la structure existait. Tant qu'il y avait un berger les brebis étaient bien gardées. Maintenant tout le monde veut être berger, il y a moins de brebis... Car pour être berger il faut beaucoup de temps, de passion et d'amour ! Encore une fois on a voulu faire l'économie du temps, de la passion et de l'amour... Et l'on a perdu son temps, sa passion et son amour, c'est-à-dire sa Foi, sa Foi en Dieu, donc sa Foi en l'homme, car il est à l'image de Dieu.

Actuellement les gens se contentent de vivre ou plutôt de survivre au jour le jour, sans espoir, sans joie intérieure, cette « joie de vivre » qui rend la vie de chaque jour si douce... Laver la vaisselle n'est pas un plaisir, mais cet humble geste, tout simple, devient un geste envers les autres si on le fait par amour. C'est un cadeau, un don à la communauté familiale. Il devient un geste magnifique !

La Foi a disparu depuis les années 70, la guerre des banquiers l'a remplacée. Ils ont créé la « société de consommation », la course à la consommation, aux crédits toujours plus chers qui doublent ou triplent le prix des objets. Le plaisir de se retrouver entre amis est remplacé par le désir « d'épater le voisin » en faisant étalage de ses moyens... et cela se paye par l'angoisse des fins de mois, lorsque les traites arrivent à échéances ! Mais les gens font des sacrifices et s'empêchent de vivre pour acheter encore et encore parce qu'ils deviennent envieux, jaloux, frustrés de ce que possèdent les autres et qu'ils n'ont pas. Encore une fois ils se condamnent eux-mêmes ! Ils perdent du temps, du temps de vie, car ils gâchent leur vie en se faisant du souci pour acheter des objets inutiles ou très chers, qui ne dureront pas et qu'il faudra remplacer par d'autres objets tout aussi inutiles et peu durables.

C'est l'homme qui a créé le temps terrestre, c'est lui qui a déterminé la journée, mais en réalité elle marque un cycle qui recommence sans cesse, à l'image du recommencement éternel.

Il faut du temps pour faire un homme, physiquement et mentalement. Cela signifie que le temps travaille pour nous, selon l'expression bien connue. Il faut faire en sorte qu'il en soit ainsi. Mais aujourd'hui ce n'est pas le temps qui travaille pour nous, c'est nous qui travaillons pour le temps en vivant à crédit nous sacrifions le temps à venir, le temps de vivre, le temps d'être, d'être bien, d'être heureux, d'être soi-même, d'être amoureux, d'être avec les autres pour partager ce temps de joies. Nous le sacrifions au profit de l'avoir, avoir des objets à la mode, démodés demain parce qu'il faut en acheter d'autres pour que « l'argent tourne», pour que nous sacrifions au veau d'or. Dans les temps anciens on sacrifiait des animaux aux idoles, maintenant c'est nous-mêmes que nous sacrifions en donnant de notre temps de vie au veau d'or, c'est-à-dire à l'avoir.

Pourtant la Tradition enseigne depuis toujours que l'Avoir n'est qu'un moyen, non une fin, seule la recherche de l'Etre nous rapproche de Dieu, de Son Image. On a encore cherché ailleurs ce qui était propagé !

Nous avons perdu la Foi en l'Etre Suprême, donc en l'être humain, son image. Sans cette Foi l'être humain devient un simple mortel. Il s'abaisse lui-même, il devient animal avec une intelligence qu'il n'utilise pas. Il rejette le don de Dieu. Ceci constitue un sacrilège. C'est l'acte le plus grave qu'un homme puisse commettre, puisque, selon les Saintes Écritures, les sacrilèges ne seront pas pardonnés. Le châtiment, c'est devenir un mortel...

Pourtant Dieu nous a tout donné avec précision, une précision telle que l'instrument le plus sophistiqué ne peut la mesurer. Mais l'homme est capable, uniquement par la réflexion et la maîtrise, de voir la Lumière. Cette Lumière est tellement proche que lorsqu'on ouvre les yeux on est aveuglé ! On est aveuglé parce qu'on regarde avec les yeux... Celui qui regarde avec l'esprit constate que l'obscurité n'est pas si noire que cela. Lorsqu'il arrive au jour, c'est un seigneur ! Il ne peut pas vivre comme les autres...

Voici le témoignage direct d'un ami de Jean-Claude Haouaria qui montre bien que ses paroles correspondent à une réalité :

- J'étais au volant de ma voiture, Jean-Claude à mes côtés. Nous sommes entrés dans une zone de brouillard si épais qu'on ne voyait pas à un mètre ! Je roulais avec prudence en suivant la bande blanche, mais tout de même relativement vite car j'ai une grande expérience de la route.

Nous étions dans une grande courbe, très large, lorsque tout à coup Jean-Claude s'est écrié :

- Ralentis, ralentis, le virage va se resserrer !

Effectivement... Sans que rien ne puisse permettre de le prévoir, alors qu'aucun panneau ne le signalait, la courbe devenait brusquement un virage en épingle ! Heureusement j'avais ralenti...

Je me suis arrêté, le cœur battant. Jean-Claude m'a dit : - Ou l'on reste sur place, ou je prends le volant... Ne t'inquiète pas on va bientôt sortir du brouillard.

Il a conduit. En toute sécurité... En fait il voyait le soleil, dix kilomètres plus loin.

Une autre fois, en pleine nuit, je roulais assez vite sur une ligne droite. La route était bonne et il n'y avait pas de voitures en face, tout allait bien ! Cette fois Jean-Claude m'a dit :

- Attention, il y a un mur au bout de la ligne droite, ralentis !

J'ai confiance en lui, j'ai ralenti. Heureusement... La route tournait à angle droit face à un mur ! Mais c'était impossible de le voir parce que la route montait légèrement puis redescendait juste avant le virage, de sorte que les phares éclairaient au-dessus du mur...

Jean-Claude Haouaria parle donc par expérience. Certes il possède des dons et des pouvoirs hors du commun, mais tout le monde peut mettre ce qu'il dit en pratique, en tout cas en partie. Même si l'on ne comprend pas tout, pas tout de suite ! Il faut lire et relire ces textes, car à chaque fois on les comprend mieux, plus profondément. Jean-Claude nous explique pourquoi :

Je sais, cc que je dis déroute les gens. Ils ne sont pas habitués à entendre cela... C'est parce que je décortique chaque chose. Les gens ne voient que la coquille de la noix tandis que moi je regarde l'intérieur. L'essentiel.

D'où la densité des livres sacrés, concentrés sur l'essentiel. Ils sont comme du lait condensé auquel on ajoute de l'eau : chacun, en lisant les textes sacrés, doit ajouter sa sensibilité, son intelligence.

Les livres ordinaires font l'inverse, ils délaient ! Ils racontent en plusieurs volumes ce qui tient en quelques pages. Ils remplacent la qualité par la quantité. Aussitôt lus, aussitôt oubliés, ces livres ne servent plus qu'à décorer une bibliothèque.

Ce qui est vrai et essentiel est seul important et se dit en peu de mots. C'est dans cette forme concise, précise et forte que l'on reconnaît les livres-clefs, ceux qui ouvrent les portes du monde. De tels livres doivent être consultés souvent. Il faut les garder à portée de main, ce sont des amis sûrs et fidèles que

 l'on doit interroger sans cesse, ils répondent toujours aux questions sans jamais se lasser. Ils sont inépuisables : plus vous les relisez, plus vous découvrez des réponses nouvelles à vos interrogations. C'est cela la Connaissance, c'est-à-dire la Tradition !

La science, elle, se préoccupe de savoir. Or tout homme vit, a des soucis, des ennuis, des joies... La science ne fait pas partie de la vie quotidienne, elle ne répond pas aux questions que l'homme moyen se pose tous les jours ! Ce qui lui importe c'est ce qu'il fera demain, ce qui va lui arriver dans un mois, dans un an... C'est à cela que répond - entre autres - la connaissance traditionnelle. Et puis la science n'est pas accessible à tout le monde, tandis que les religions sont données à tous.

Aujourd'hui la science nous dit : « les univers naissent les uns des autres à l'infini ». Depuis des milliers d'années la Tradition affirme : « le Monde a existé plusieurs fois ». Cela signifie la même chose, mais la Tradition l'a révélé bien avant la science !

Et elle ajoute: «on ne divulguera jamais le mystère de l'infini, qui est recommencement éternel ».

Les étoiles, les galaxies les plus lointaines forment un tout, mais la lune et le soleil, plus proches de nous, jouent un rôle plus important.

La terre est au soleil comme une balle de ping-pong sur un jet d'eau. Le soleil émet avec une grande intensité des rayons positifs toute la journée, tandis que la lune absorbe ou émet des rayons négatifs. Le positif et le négatif s'équilibrent ainsi et influent sur le magnétisme de la terre selon

le cycle lunaire : lorsque la lune est ouverte (lune blanche) elle absorbe le négatif, mais lorsqu'elle est fermée (lune noire) elle émet ses propres rayons négatifs, comme une plante absorbe la lumière et émet du gaz carbonique le jour et de l'oxygène la nuit. L'homme est obligé de subir la lune noire, il ne peut plus régénérer, il est déphasé.

C'est pourquoi les paysans respectaient le calendrier lunaire, car la pleine lune joue un rôle très important sur le métabolisme du vivant, qu'il s'agisse des hommes, des animaux ou des plantes. Le soleil est le père, la lune la mère, tandis que la terre n'est que nourricière de la vie.

Ces trois éléments permanents sont comparables aux trois religions du Livre : si l'on ôte l'un de ces trois éléments le déséquilibre s'installe... Or on ne respecte plus les cycles lunaires car la technique moderne permet de « gagner du temps » ... donc de l'argent ! Dans l'immédiat, c'est vrai, mais dans quelques dizaines d'années, que se passera-t-il ? La terre, épuisée, polluée, ne produira plus. L'homme est ainsi fait : il ne peut pas créer, il ne peut que modifier, et il a modifié de manière à nuire à la nature ! De sorte qu'il a abrégé son temps, le temps de l'humanité, l'avenir des générations futures, pour sa satisfaction personnelle, immédiate.

Alors s'il trouve des mystères supérieurs il voudra dominer et détruire, comme actuellement il détruit la nature...

A cause de cela la Tradition occulte ne peut être divulguée à tous. Elle est réservée, selon la formule consacrée, « à des hommes animés d'un saint désir de sagesse ».

Pourtant rien n'est plus simple que la recherche de la sagesse. Elle est en nous, elle est visible dans les lois de la
nature. Elle est à la portée de tous, car nous avons le même cerveau... Mais les gens sont masochistes : lorsque tout est facile on se lasse, quand c'est difficile on s'acharne. Des personnes trop aimables ou facilement accessibles provoquent peu d'intérêt, au contraire on cherche à séduire les indifférents, ceux qui fuient notre compagnie Cette attitude crée une inquiétude, voire une angoisse comparable à celle de ces fumeurs qui habituellement fument assez peu, mais qui, s'ils n'ont plus de cigarettes, en cherchent fébrilement partout. Lorsqu'ils en ont un paquet sur eux ils se sentent en

sécurité, lorsqu'ils n'en n'ont plus ils sont en état de « manque». La souffrance psychologique est toujours la même, elle provient d'un sentiment de frustration :

« Suis ton ombre, elle te fuit, fuis ton ombre, elle te suit » dit le proverbe.

Dieu nous a donné tout en abondance et nous réagissons en enfants gâtés, nous n'accordons de la valeur qu'à ce qui est pénible à acquérir, nous méprisons ce qui nous est offert à profusion !

La vie est si simple... Trop simple ! Nous la compliquons à plaisir. Une fois de plus nous nous condamnons nous-mêmes !

Ce qui complique tout, c'est de s'en tenir à ce qu'on voit, aux apparences. Cela passe même pour de la sagesse ! Pourtant entre une orange et une balle de tennis il n'y a apparemment qu'une différence de couleur et de poids, mais celui qui essaie de manger une balle de tennis passe pour un fou, non pour un sage ! Alors pourquoi s'en tenir aux apparences en ce qui concerne la vie, la pensée, l'homme, puisqu'on ne le fait pas pour les choses ?

Le temps n'existe pas, c'est une création humaine. Il y a des temps. Des temps de mort, des temps de naissance, des temps de vie. Un individu peut-il vivre plusieurs vies en parallèle ? En fait on vit en parallèle, c'est-à-dire par la pensée et par le corps, qui mènent souvent deux vies totalement différentes. Lorsqu'on rêve on a l'impression d'être dans une autre vie... C'est exact. Nul ne vit seul, tout le monde a un sosie. Lorsqu'un rêve nous dépasse, c'est l'autre, notre double, qui agit.

C'est pour cela qu'on peut mettre une personne sous hypnose pour résoudre des problèmes oubliés.

Cinq minutes de sommeil hypnotique valent trois mois de sommeil normal.

Choisissez une classe, dans une école, au hasard : sur trente enfants un élève a toujours un ami qui lui est plus cher que les autres. Pourquoi ? C'est une question de longueur d'ondes. Dans un couple uni il y a presque une ressemblance physique... La même personne qui provoque un sentiment de répugnance chez l'un allume la passion chez l'autre. Pour lui c'est un monde merveilleux, il lui trouve toutes les qualités alors que d'autres ne lui voient que des défauts. Et si l'on essaie de raisonner quelqu'un qui est amoureux, il répond : «je connais ses défauts aussi bien que ses qualités, mais ça m'est égal... Je l'aime ! Je l'ai dans la peau ! Je suis fait pour elle - ou pour lui !» Inversement lorsqu'on renie quelqu'un, même si cette personne a bien de qualités, que l'on reconnaît, on lui trouve tous les défauts. Pourtant on aurait donné sa vie pour elle ! Et l'on se demande alors pourquoi on aurait fait cette folie...

C'est injuste ? Non. Il ne faut pas chercher la justice ou l'injustice dans tout cela. C'est une question d'accord profonde. Lorsqu'un couple se défait c'est parce qu'il s'est formé sur des apparences, sur l'aspect extérieur des individus et non sur leur intériorité. Dans ce cas, lorsqu'on découvre la vraie personnalité de son partenaire après plusieurs années de vie commune, on s'aperçoit qu'elle ne concorde pas avec la sienne.

Encore une fois, pourquoi ? Parce que nous menons plusieurs vies en parallèle, doubles, triples... La société nous oblige à donner de nous une image « avantageuse» conforme aux normes admises par tous, une image fabriquée. C'est l'un des aspects de notre personnalité. Elle peut masquer les autres pendant longtemps, mais un jour on a envie de vivre ses vies, d'être soi-même, multiple et contradictoire. On ne peut se contraindre indéfiniment ! On ne peut pas vivre uniquement en rêves, ce n'est que l'une de nos formes de vie...

Attention, ce que je viens de dire ne convient que s'il n'y a pas possession, c'est-à-dire intervention extérieure maléfique, destinée à nuire au couple ou à l'une des personnes du couple ! Dans ce cas le mal doit être détruit par des travaux : lorsque j'ai défié les sorciers pendant une émission à la radio guadeloupéenne j'ai subi en réponse une attaque personnelle au bras. J'ai réagi et surmonté cette agression.

En dehors de cela, en cas de rupture nette, totale, ne cherchez pas à « recoller les pots cassés ». Vous n'êtes pas en cause, ce n'est pas « de votre faute » ! On vit plusieurs fois et la personne qui vous quitte veut vivre non pas sa vie, mais une autre de ses vies. Ne nous vous « accrochez » pas, si elle revenait vous ne reconnaîtriez pas la personne que vous avez connue... Vous seriez déçu ! Vous ne seriez plus sur la même longueur d'ondes.

Et surtout n'ayez pas un sentiment d'échec : la personne qui vous quitte n'est plus celle que vous avez connue. Elle a changé de personnalité.

Bien de gens réputés bons deviennent soudain méchants et ce n'est pas toujours dû à des travaux occultes ! Le mauvais et le bon sont en nous, nous avons tous de bonnes et de mauvaises pensées. Chacun étant le reflet de l'autre, il **l'aperçoit** chez l'autre et s'en effraie. Comme il ne voit pas le mauvais en lui, parce qu'il ne veut pas l'admettre, il fait des reproches à l'autre au lieu de lui pardonner ce qu'il se pardonne à lui-même. Par manque de sincérité et d'amour on finit par être uniquement mauvais et l'on se fait du mal à soi-même en faisant du mal à l'autre.

L'enfer existe : il est en nous, dans notre esprit. **L'enfer** est sur terre, alimenté par nous, par nos pensées et nos actes. On récolte ce qu'on a semé. On a semé la haine et l'ignorance, ne soyons pas étonnés de la récolte !

Dieu donne toujours à profusion. Il a créé non quelques milliers, mais des millions d'espèces de plantes et d'animaux de toutes tailles, dans l'eau, sur et dans la terre comme dans les airs, afin que l'homme jouisse d'un spectacle sans fin, inépuisable, en contemplant Son Œuvre, qu'il nous donne en exemple de Sa Toute-Puissance et de Sa Sagesse. *Les plantes et les animaux ont été créés pour l'homme, l'homme a été créé pour Dieu.* Il veut que chacun se réjouisse de cette diversité naturelle comme de la diversité entre les hommes, car Il a créé l'être humain sous des aspects et des couleurs différentes afin que l'homme ne se lasse pas de lui-même et surtout qu'il comprenne que ces différences ne sont qu'un agrément supplémentaire, décoratif, elles ne concernent que le corps, non l'esprit. L'esprit est universel, tout homme ressent ce que ressentent tous les autres : l'amour, la douleur, la joie, la peine sont universelles et non pas spécifiques à telle nationalité ou telle couleur de peau !

Dieu a créé l'homme à Son Image, or Dieu est Un.

Dieu nous a donné, à Son Image, avec une générosité infinie, éternellement renouvelée. L'abondance est un signe de Dieu, c'est sa « signature ». La pénurie est le signe du mal, du 6-6-6, l'opposé de Dieu.

La main de l'homme était bénite et féconde. Elle est devenue venimeuse et stérile parce que de nos jours tout ce qui est à l'Image de Dieu est transformé et déformé à l'image de celui qui veut l'exploiter. Tout ce qui était fait avec amour et artisanat devient rare, les machines de guerre des banquiers le remplace. D'où l'inquiétude générale et le désarroi des gens, tout particulièrement des jeunes, dont beaucoup sont abandonnés à eux-mêmes par des parents défaillants... La drogue et la délinquance ne sont que des conséquences de leurs angoisses.

Le 6-6-6 trouve l'opportunité de nuire dans la faiblesse de l'homme !

La faiblesse de l'homme, au sens de masculin, c'est qu'il est conscient de son corps et rarement de son esprit...

Au contraire la femme - la femme par excellence -vient au monde, perturbée par trois intelligences. De 12 à 18 ans elle recherche celle du corps, c'est l'âge ingrat. Son corps exploré, elle retrouve celle de l'esprit, sa deuxième arme, et connaît sa première arme, donnée par Dieu : son corps. Vient ensuite l'intelligence de la fécondité, sa troisième arme.

L'homme et la femme sont complémentaires. L'homme est l'ombre de la femme comme la femme est l'ombre de l'homme. Or les gens courent après leur ombre ! Ils n'ont pas compris qu'elle leurs appartient, qu'elle leurs est attachée, qu'elle ne les quittera pas, mais qu'ils ne pourront jamais la rattraper !

Ils l'oublient et ne se rejoignent plus. Combien d'hommes et de femmes vivent dans la solitude ? Et dans combien de familles aux parents séparés les enfants sont déchirés entre le père et la mère, qui se disputent devant un juge leur garde, les week-ends, les vacances ?

Dieu a créé l'homme debout et fort, on le retrouve tombé et à l'agoni. Il nous a donné un monde d'abondance, aujourd'hui la famine approche à grands pas. L'homme est désemparé... Il ne comprend plus.

La justice ne frappe pas les riches, elle ne frappe que les faibles d'esprit, les sans-défense. Aucune religion n'a su les soulager et encore moins les guérir... Une seule n'a jamais triché. Elle affirme depuis toujours : «la loi et la justice sont une, c'est la Vérité. En dehors de la Vérité on ne trouve ni loi, ni justice ». Cette religion, c'est la Religion Universelle, la Tradition.

Il est encore temps de reprendre la Tradition !

La Tradition est sagesse. Elle ne prétend pas posséder a réponse à toutes les questions que l'on se pose. Dieu amis par Son Amour et Sa Patience des milliards d'années pour préparer les merveilles et miracles que sont la vie sur la terre et l'homme créé à Son Image. Comment un mortel peut-il vouloir comprendre ou se mettre à la hauteur de la Divinité en une petite vie ?

La Tradition n'exclut personne. L'église comme la synagogue ou la mosquée sont des lieux de recueil pour que l'homme retrouve dans son esprit l'Image de Dieu et sa propre image, son véritable reflet. Encore faut-il avoir de vrais bergers...

Au nom de la Vérité, des saints martyrs, de la Sainte Parole donnée et négligée, on peut recommencer ! Sans le glaive, uniquement par la Parole Divine, on peut recommencer ! Pourquoi avoir peur ?

Mais il devra être prudent et saint, celui qui recommencera. Car il agira par la Parole, qui est la pensée en action.
Or la pensée va plus vite que la lumière.
Lorsque l'écriture apparut la Révélation divine fut mise par écrit. Trois Textes Sacrés sont les fondements des Religions révélées : la Tom, pour la religion judaïque, la Bible (Ancien et Nouveau Testament), pour la religion chrétienne, le Coran, pour la religion musulmane. C'est pourquoi les croyants de ces trois religions sont appelés les Gens du Livre. Bien entendu elles glorifient le même Dieu, puisqu'il ne peut y avoir qu'un seul Dieu !

La Tradition, révélée ou occulte, n'a pourtant pas disparue. A travers les âges une longue chaîne d'initiés, critiqués, condamnés, suppliciés, dispersés par les pouvoirs politiques et religieux, se sont réunis secrètement de génération en génération pendant des siècles pour la transmettre. Aujourd'hui dans certains pays ils ne sont plus persécutés mais ils restent discrets, car la Connaissance n'est donnée qu'à ceux qui la recherchent.

Au cours des âges une partie de la Tradition a été écrite, soit, pour la Tradition révélée, sous forme de manuscrits dont on retrouve des fragments, soit, pour la Tradition occulte, sous forme d'aide-mémoire ésotériques. Tout cela est incompréhensible pour le non-initié. Cependant il faut savoir que la Tradition ne s'oppose en rien aux religions, puisqu'elle émane de Dieu ! Bien plus ancienne que les religions les plus anciennes, elle les complète, les relie et les unifie. C'est pourquoi l'on peut pratiquer le culte de son choix et acquérir la Connaissance. Elle permet au croyant de mieux comprendre sa religion, et surtout et avant tout la grandeur de Dieu.

Il n'y a qu'un Dieu, dit Jean-Claude, donc une religion, la Religion Universelle, pour lui rendre grâce.

Que la Volonté de Dieu soit faite !

Paix sur terre

aux hommes de bonne volonté

Ce message est une bouteille à la mer. S'il se trouve des hommes de bonne volonté pour le propager, alors le monde sera peut-être sauvé de l'autodestruction. Si les hommes restent aveugles et sourds, malheur à eux ! S'ils confient leur destinée à des hommes assoiffés de pouvoir, aveuglés par le fanatisme, la mauvaise foi, ils abrégeront les temps. Lorsqu'un aveugle guide un aveugle ils sont deux à tomber
dans le précipice !

Ce message est désintéressé. Les initiés ne cherchent ni l'argent - ils ne demandent et n'acceptent que ce dont ils ont besoin pour faire vivre le corps - ni le pouvoir - au contraire, ils le fuient - ni à fonder des sectes - qu'ils ont en horreur, car c'est un sacrilège d'autant plus abominable qu'il est commis soi-disant au nom de Dieu. Ils cherchent à propager la Lumière de l'esprit, celle qui les éclaire et fait d'eux des voyants.

Les voyants médiums voient avec l'esprit, c 'est pourquoi ils voient le passé et l'avenir.

Les mortels voient avec les yeux, donc ils ne peuvent voir que le présent, le corporel, l'éphémère, le superficiel. Ils ne voient pas au-delà de leur temps de passage sur terre. Ce sont des aveugles du temps.

Les initiés essaient de voir comme Dieu, à Son Image. Car Il nous a donné de la sagesse, à Son Image, parce qu'Il voulait que tout le monde soit sage. Il nous a donné trois Envoyés, mais on ne les a pas entendus.

Avant eux il n'y avait aucune religion, mais des sectes polythéistes, reflets déformés de la Tradition, qui adoraient des idoles. Les gens vivaient en tribus, c'est-à-dire en famille, frères et sœurs, cousins cousines, nés d'ancêtres communs. En ces temps-là un homme avait plusieurs femmes, car il fallait beaucoup d'enfants pour faire la guerre, conquérir, dominer.

Le premier des trois Envoyés était Moïse. Pourtant il a fait une faute lorsqu'il est descendu du Sinaï ! Il devait y demeurer quatre-vingt-dix jours. Il y est resté un peu plus longtemps, car Dieu l'avait voulu et lui avait dit la vengeance appartient à Moi seul. Pourtant, après avoir

acquis la richesse intérieure, la sagesse, Moïse s'est mis en colère lorsqu'il a constaté que le peuple hébreu, las de l'attendre quelques jours de plus, adorait le veau d'or. Ce peuple s'était senti tellement seul ! Il lui fallait prospérer mais en même temps prospecter... Il avait besoin de soutenir son courage. Moïse aurait dû le comprendre, et pourtant il s'est mis en colère et a brisé les Tables. Or la colère comme la vengeance n'appartiennent qu'à Dieu !

Mais les hommes sont ainsi, tant qu'ils n'ont pas de pouvoir ils peuvent être des sages, mais lorsqu'on leur donne du pouvoir ils ne savent plus qu'en faire.

Comment se fait-il qu'il y ait eu trois Messages, la Tom, la Bible et le Coran, et tout ce qui les a précédés, et que les hommes n'aient toujours pas compris ? Pourtant ces Messages nous ont tout donné !

Ils nous ont donné ce qu'il y a dans l'esprit et la discipline du corps pour pouvoir entretenir l'esprit. Car il faut entretenir le corps pour maintenir l'esprit, il ne vit que dans la propreté, l'hygiène, selon l'adage : un esprit sain dans un corps sain. C'est pour cela que les religions sont apparues, afin de répandre l'autodiscipline. A partir de là on retrouve la Voie vers la Lumière.

A une époque les musulmans faisaient d'eux-mêmes sept ou huit prières par jour. Pourquoi ? Parce que les sages, les philosophes, montraient l'exemple... On les craignait respectueusement et on les imitait en toute confiance même si on ne comprenait pas très bien leurs propos. Ainsi ils montraient le blanc en disant :
–   Avec le blanc vous trouverez beaucoup de couleurs.
Et les gens interrogeaient :
–   Mais comment faire ?
Ils répondaient seulement :
- Cherchez et vous trouverez.
C'est cela, la recherche de la Lumière. Chacun doit la trouver en lui-même, puisqu'il s'agit d'une Lumière intérieure !

Mais les gens n'ont pas cherché, par paresse, ils attendaient qu'on leur donne une réponse toute faite, qui leur évite de faire des efforts ! Ils n'ont donc pas trouvé les sept couleurs contenues dans le blanc, pourtant visibles dans un arc-en-ciel. Et sans ces sept couleurs on ne peut trouver les millions d'autres couleurs, qui ne sont que des nuances.

Alors ils ont pensé à élire l'un de ces sages pour qu'il ait seul la parole, parce que c'est plus simple, plus facile à suivre. L'élu était alors considéré comme le plus sage, mais en fait c'était faux, la sagesse est répartie entre tous.

C'est comme cela qu'on a perdu la naïveté. La naïveté était une pureté impalpable, une innocence. On l'a abrégée. On y a mis un terme. On s'est égaré... Et c'est ainsi que de nos jours les religions obligent les gens à se discipliner sous peine de châtiment ! En fait un homme ne devrait pas être frappé, mais les hommes l'ont tellement été qu'ils sont devenus masochistes, ils en éprouvent le besoin. Ils sont devenus incapables de pratiquer l'autodiscipline. Lorsqu'on veut leur en donner les moyens, ils refusent. C'est au-dessus de leur force, c'est trop long !

Ce qui est long c'est la souffrance. Lorsque les gens tombent en enfer, car l'enfer est sur terre, ce sont les hommes qui le créent, ils se demandent pourquoi eux ? Mais parce qu'ils ont tout reçu et n'ont jamais su ou jamais voulu s'en servir ! Parce qu'ils ont perdu l'essentiel, l'innocence, la propreté, l'enfance.

Dieu regarde notre planète verte, le paradis qu'il nous a fait. Pendant ce temps nous nous disputons et à force de disputes nous ne voyons plus le paradis... Prenons du recul, regardons une photo prise par un satellite de notre vieille Terre, de notre sainte Terre : c'est bien un paradis !

Je n'attaque personne, je ne fais que constater !

Le pape actuel est politisé, c'est vrai, mais il a la Foi, il est habité. C'est le seul qui ait embrassé autant de terres : il a racheté la Terre. Il change de tenue chaque jour mais il porte toujours le même emblème, comme l'astrologue...

Les juifs et les musulmans, eux, se déchirent.

La seule erreur commise par les Arabes et les Hébreux, c'est de ne pas se mélanger. Pourquoi ? Parce qu'ils sont partis d'Egypte. Le mal est né en Egypte, le mal reviendra d'Egypte et des pays de l'Est.

Ceci a été annoncé par les Apparitions.

A partir de 1970 les êtres humains sont devenus des mortels, ils se sont autodétruits parce qu'ils ont perdu la Foi. Avant cela, lorsque les humains avaient la Foi, chaque lieu, aux quatre coins du monde, était placé sous le patronage d'un saint ou d'une sainte dont les apparitions rituelles avaient lieu tous les trois ans ou tous les sept ans.

Les Apparitions nous ont prévenus...

En 1983, pendant la canicule, Sainte Fatima a annoncé les messages avec 3 jours de retard. Elle a annoncé que Dieu a détourné Sa Face de la terre, mais qu'il reste un recours, notre avocate la Sainte Vierge Marie qui implore le Seigneur d'apaiser sa Colère.
Je ne fais que citer :
« Fin 71 - début 72 est né le messie du mal, le 6-6-6, l'opposé de Dieu. Mais trois envoyés de Dieu vont apparaî-
tre pour nous sauver. Ils seront initiés pour l'an 2000, pour la prochaine génération. Ils sont attendus...
Trois anges naîtront après 1980. L'un, la réincarnation de dix lamas, apparaîtra en Espagne...»

Or après trente ans d'attente mon fils est né à l'heure et à la date annoncée... Pourtant il demeurait une énigme, il est arrivé avec dix minutes de retard. Pourquoi ? J'ai mis du temps à comprendre ces dix minutes... Mais tout est perfection quand on sait voir.

Entre 88 et 89 le mal cherchait les élus pour l'an 2000. Ce retard, comme la réincarnation des dix lamas, kidnappée, ridiculisée, filmée par toute la presse mondiale, était là pour tromper le mal sur le temps et le lieu de sa naissance.

Il en est de même pour les deux autres envoyés qui attendent leurs temps pour surgir.
Je ne fais que citer :

« L'autodestruction, le 6-6-6, apparaîtra sous l'aspect d'une femme et sous l'emblème de l'aigle. Où il passe il ne laisse que flammes, sang et autodestruction. Depuis sa naissance, avant, bien avant le peuple hébreu, au fil du temps il a fait bien des faux pas et ne s'est développé-que par la sottise humaine. Il venait d'Egypte. Après l'exode le mal fut enterré dans le désert égyptien par les grands initiés.

Les fouilles archéologiques ont exhumé des trésors mais aussi des talismans, car le 6-6-6 était prisonnier sous divers symboles qui, par la naïveté de l'homme, ont été retirés des lieux initiaux. Le 6-6-6 écrasé s'est relevé et au fil du temps s'est propagé dans le monde. Comme par hasard il a joué sur la faiblesse de la richesse matérielle, en utilisant le support d'objets précieux. Il en a choisi la destination avec soin par l'intermédiaire des personnes qui s'en sont emparés et ont disparu avec ces objets «chargés» au maximum... La plupart des savants ont manipulé ces objets par curiosité, en toute innocence, mais d'autres savaient où le 6-6-6 se cachait » ...

Ceci constitue l'avant-dernière révélation...

Selon des témoignages la momie de Ramsès pleurait dans son sarcophage lorsqu'elle a été dérangée. Les vingt-cinq chercheurs qui ont participé aux fouilles sont morts prématurément d'une « maladie » inexplicable. Certains supposent qu'ils ont succombé à la radioactivité, mais il ne semble pas qu'on ait trouvé des traces de cette radioactivité sur les sites.

Concrètement on constate la présence de nombre d'objets dans les musées, mais aussi la disparition de bien des symboles...

Avec l'obélisque le mal s'est implanté en France. Je ne fais que citer :

« La France, grâce aux croisades, est restée pieuse.
1797 [l'année ou Bonaparte obtint du gouvernement, le
Directoire, de mener l'expédition d 'Egypte de 1798-99]
fut le défi à 1 'Eglise, qui s'est autodétruite, car tout est
resté secret. Elle s'est humiliée en signant le Concordat et a
laissé humilier le pape lors du couronnement de Napoléon
plutôt que de révéler les sources de son pouvoir...»

L'Eglise a commis une faute en se taisant, les
pilleurs de tombes et surtout les chercheurs en ont commis
une autre par ignorance. Nous avons fait une faute en
dispersant le 66-6 dans le monde...

Il a réussi à manipuler, habiter l'esprit de chacun de
nous selon sa croyance. Il a divisé l'humanité par 3 (religions) X 6 (sectes). Il a divisé l'homme et sa culture par
6.
Il s'est multiplié en nous, a mené sa guerre. Quand il
s'est senti faible il a joué sur la famine, il a trouvé la
faiblesse de l'homme, par la femme, et la guerre des
banquiers.
Je ne fais que citer :
« La Bible devrait non pas être achetée, mais
donnée, apportée dans les demeures et enseignée...»

Elle délivre un message exemplaire qui concerne
tous les peuples, telle l'adoration du veau d'or.

L'homme est habitué à adorer avec les yeux et
non avec l'esprit. Le spirituel est une monnaie d'or, d'or
vivant, tandis que la monnaie courante est en papier
et porte l'image d'un mortel. Qu'est-ce que cela
signifie ? Ceci : l'homme fasciné par lui-même adore
une idole à son image. La guerre des banquiers
multiplie les symboles mortels telles les pièces de
monnaies à l'effigie d'un homme, en bronze pour les
pauvres, en argent ou en or pour les riches.

Les religions révélées consacrent un jour par
semaine au spirituel. C'est le temps de se recueillir, de

se retrouver - de « retrouver ses esprits », comme dit l'expression populaire, héritière de la Tradition. Lorsque ce temps, le temps de réfléchir, n'est pas respecté, l'homme est aveuglé par lui-même, par ses obligations terrestres. Par l'adoration du veau d'or...

Jamais notre ère n'a connu autant de catastrophes. Pourquoi ? Parce qu'il est dit : *quand il n'y aura plus de*
croyants la Colère de Dieu viendra des signes du ciel, des
étoiles. Sa Colère, ce sont les tremblements de terre, les
fléaux par le feu et l'eau qui se sont propagés jusqu'à ce jour.
1976 fut une année cruciale. 1976 est symbolique parce que le 6-6-6 s'est mis dans la faiblesse de l'homme.
Or c'est l'année où l'homme a « libéré la femme» et ainsi,
a autodétruit la féminité. Il a fait le jeu de l'opposé de Dieu qui apparait sous l'aspect d'une femme, la faiblesse de
l'homme, car la femme est la vie et l'homme est un enfant.

Aujourd'hui l'homme est diminué, la femme autodétruite et la Foi perdue... Le 6-6-6 exploite la faiblesse de tout ce qui vit. Il est comparable à quelqu'un de très faible qui ne touche que plus faible que lui.

Je n'agresse pas, je n'ai jamais agressé, je réponds aux questions que chacun se pose. Je constate que depuis le début du monde on n'a pas progressé, on recule dans le temps et l'espace, on s'éloigne dans les ténèbres en oubliant cette Lumière que nous n'avons jamais su contempler. Voilà pourquoi Dieu est en colère et a détourné la Face de la terre.

Je peux me permettre de dire :

A partir de 1947, avec l'apparition de l'arme fatale, la bombe «H» thermonucléaire, les guerres qui avaient lieu tous les trente ans, pour reconstruire ce qui avait été détruit, n'ont pu avoir lieu. Ces guerres, c'était l'équilibre d'une humanité sans sagesse. Aujourd'hui si l'on détruit cela ne pourra plus être reconstruit. Toutes les planètes qui ont explosé on les a oubliées. Attention, il ne nous reste plus qu'une seule planète !

La guerre des banquiers, qui remplace les guerres habituelles, a commencé au début des années 60, au début de l'Europe. Maintenant on parle de « serpent monétaire »... Personne n'a compris ce terme. Le symbole du serpent est pourtant évident ! L'argent est l'instrument du mal, la pomme de discorde. L'exploitation de l'homme par l'homme, voilà la faille : il y a 98 % de bien en nous, et actuellement nous en sommes arrivés à 98 % de mal et l'on s'accroche à ces 2 % de bien...

Mais nous avons tous l'esprit en nous, nous pouvons parvenir à la sagesse... Souvenons-nous de la Divine Parole : même s'il ne reste que sept sages sur terre, elle peut être repeuplée. C'est notre chance.

Ceci est un secret connu des seuls initiés :

Le messie du mal, le 6-6-6, l'opposé de Dieu né fin 71 début 72 va apparaître en 1992, année de l'Europe, sous l'aspect d'une femme et sous l'emblème de l'aigle.

Pourquoi les responsables religieux, qui ont été initiés, ont-ils gardé ce secret pour eux-mêmes ? Et pourquoi, maintenant que des initiés tentent de propager cette connaissance, se paniquent-ils et essaient-ils de diviser les hommes ?

La vie est un Livre - les gens font semblant de l'oublier parce que cela les arrange - et nous sommes au milieu de ce Livre.

Pourquoi les responsables religieux nous ont-ils, nous et nos livres qui citent la Connaissance, brûlés sur le bûcher ? Parce qu'ils voulaient garder le pouvoir

Nous leurs avons donné ces écritures depuis plus de cinq mille ans et même dix mille ou quatorze mille ans ! Pourquoi ont-ils laissé se propager le mal, alors qu'ils en avaient connaissance ? Comment se fait-il que maintenant certains travaillent avec nous ?

Aujourd'hui un évêque de l'Eglise catholique reconnaît que les saints auteurs des textes canoniques, les « pères de l'Eglise », étaient des médiums qui écrivaient sous la dictée la Parole venue d'En-Haut ! Il fait partout des conférences pour propager cette vérité... Alors ? Ils veulent nous bannir mais ils ont besoin de nous pour connaître la Parole ! Où est la vérité ?

La vérité c'est ceci :

Il n'y a qu'un seul Dieu, donc une Religion Universelle. Tout le reste n'est que sectes qui veulent dominer le monde. Disons la vérité ! Mais chaque fois que l'on dit une vérité on est étouffé.

Une excellente revue d'informatique, ST Magazine, bien éloignée de toute arrière-pensée politico-religieuse, a publié cette information dans son numéro de janvier 92 :

« Les manuscrits de la mer Morte sont quasiment séquestrés par leurs découvreurs. Ces manuscrits, découverts en 1947 dans une caverne des environs de Qmran (Palestine), se composent de rouleaux de vélin et de cuivre, ont été écrits entre 200 et 68 avant J.C. par une secte juive, les Esséniens (en réalité les Esséniens, en initiés fidèles à la Tradition, combattaient les sectes. Bien des historiens des religions pensent que Jésus lui-même était Essénien. Mais l'auteur de l'article, n'étant pas un spécialiste de ces questions, ne fait que répéter les calomnies habituelles). Curieusement, ajoute l'auteur, les découvreurs de ces inestimables documents en gardent le secret jalousement, refusant d'en communiquer des copies ou des photos à quiconque, et n'en n'ont publié que 20 % environ en quarante-quatre ans. Ce manque d'efficacité cache en fait des raisons idéologico-religieuses. Ces manuscrits éclairent d'un jour nouveau l'histoire du christianisme et du judaïsme, et contiennent des passages oubliés de la Bible, ainsi qu'un sixième livre de la Tom, pas moins ! L'on conçoit que cette découverte heurte un certain nombre de dogmes, mais de là à l'étouffer comme un vulgaire scandale politique, il y a un pas infranchissable. Maintenant que la science a montré qu'elle sait traiter ces données [grâce à

l'ordinateur, c'est pourquoi cette revue en parle]
encore faut-il les rendre
disponibles ».

Oui, les religieux possèdent des archives secrètes. Le jour où elles seront connues c'est eux qui seront brûlés ! S'ils les avaient diffusées il n'y aurait plus d'ignorants. Ils ont fait de l'ignorance leur emblème pour mieux dominer. Ils sont juges et partie et le savent très bien ! Ils proclament la loi, l'appelle « loi divine », qu'ils sont seuls à connaître, prétendent-ils. Ils font la loi et la justice ! Comment l'innocent peut-il se défendre ?

Aujourd'hui ils veulent qu'on les sauve, et pourtant ce sont eux qui représentent Dieu - du moins c'est ce qu'ils affirment ! Ils se sont répandus dans le monde pour conquérir la terre et l'argent, c'est-à-dire le pouvoir ! Mais où était le spirituel ? N'était-ce pas une supercherie ? Et maintenant qu'une vérité apparaît au grand jour, ils refusent notre aide pour sauver ce qu'il reste d'humains. Ce qu'ils veulent c'est être sauvés, eux !

Pourtant si les églises, les temples et les mosquées sont remplis c'est parce que des missionnaires répandent la Parole. Il faut les écouter, car ces gens se sacrifient toute leur vie pour pouvoir prêcher. On ne peut rejeter les gens du Livre car la différence vient des mots mais nous avons tous le même Dieu. Il n'y a qu'un seul et unique Dieu ! Ce sont les hommes qui ont créé des religions diversifiées...

Si l'on suivait réellement les préceptes de l'une des trois religions du Livre - je dis bien l'une des trois, judaïque, chrétienne, musulmane, selon son choix personnel - le mal disparaîtrait...

Cette vérité, Jean-Claude la proclame au péril de sa vie. Illustrons-la du témoignage, reproduit intégralement ici parce qu'il est parfaitement sincère, d'une croyante, une musulmane qui possède la Foi, cette Foi d'une lumineuse simplicité qui déplace les montagnes et renverse les frontières inventées par les hommes :

- Il y a six ans des gens de ma famille m'ont fait du mal. Je n'arrivais pas à me débarrasser de celui-là. Les gens voyaient que je n'étais pas bien, ils pensaient que j'avais un cancer... Je savais que c'était dû à des travaux occultes, mais je ne voulais pas m'adresser à un sorcier. Je voulais voir un saint, qui soit près de Dieu. Je priais jour et nuit, je lui demandais « Dieu, envoyez-moi quelqu'un qui soit près de Vous, ou enlevez-moi ce mal. » Pendant des années je n'ai pas eu de réponse, mais je n'ai jamais douté. Je continuais à prier : « Dieu, si cela vient de vous, je l'accepte, mais si ce sont des gens qui me font du mal, envoyez-moi quelqu'un. » Il me renvoyait toujours à ses saints... Et moi je ne comprenais pas !

Je travaille dans une école tenue par des sœurs catholiques. Une nuit j 'ai rêvé que l'une de ces sœurs, Claire-Marie, me prenait par la main et me disait:
- Viens, je vais t'emmener dans un endroit où tu te sentiras bien.
C'était un lieu chrétien, mais il n'y avait pas de croix. Tout était d'une beauté extraordinaire ! Il y avait des arbres, des fleurs... Je ne suis pas rentré dans le lieu, je restais dehors. Un monsieur me parlait, je l'écoutais en regardant autour de moi. Je me promenais partout. C'était immense.

Il y avait de la lumière à l'intérieur. Une lumière extraordinaire ! Et je me disais : « c'est un lieu chrétien, mais il n'y a pas de croix... je n'en vois pas. »

Le lendemain, j'ai raconté mon rêve à sœur Claire-Marie. Elle a tout de suite compris : c'était un message de l'au-delà.

Quelques mois après l'une de mes amies chrétiennes a acheté un commerce à Lisieux. Un samedi, au moment de Pâques, elle m'a demandé de venir avec elle pour ne pas partir seule et pour me permettre de faire des vœux. Elle m'a parlé de Sainte-Thérèse, que je ne connaissais pas...

Sitôt arrivées à Lisieux nous avons visité sa maison et son commerce. J'étais impatiente, je voulais absolument visiter la basilique, sans savoir pourquoi...

Enfin nous sommes sorties. Nous marchions en bavardant, nous parlions de ses projets... Tout à coup, en approchant de l'entrée de la chapelle, j'ai regardé autour de moi. J'ai crié :

- C'est cela que j'ai vu dans mon rêve !

C'était exactement semblable, et pourtant je n'étais jamais venue à Lisieux ! Je suis entrée, j'ai vu le Christ avec à droite la statue de Sainte-Thérèse. Je me suis présentée et j'ai ajouté : «je suis musulmane ».

J'ai fait ma prière en arabe. Je me suis adressée à Dieu selon les règles de l'Islam, puis à la Vierge, qui pour nous musulmans est la Mère de tous les croyants, puis à Sainte-Thérèse. J'ai prié une demi-heure. Une fois encore j'ai demandé à Dieu soit qu'il m'enlève le mal, soit qu'il m'envoie vers un saint.

J'ai aussitôt ressenti une paix intérieure extraordinaire. Je savais que le mal allait partir...

Je suis sortie avec mon amie. J'étais bouleversée. Je l'ai prise par le bras :

–   C'est extraordinaire ! J'ai retrouvé la paix
Elle aussi avait prié... Elle m'a répondu :
–   Pourquoi t'étonnes-tu ? Tu es croyante !
      - Oui, mais moi je suis musulmane ! Alors,
pourquoi Sainte-Thérèse ? Je ne la connais pas ! Et
pourtant dans mon rêve j'ai vu ce lieu. Le même ! Mais il
était plus grand, et d'une beauté surnaturelle.
      J'y suis retournée le dimanche de Pâques. J'ai
prévenu le prêtre.
      – Mon père, je suis musulmane. Je suis venue
pour la prière.
Il a souri :
–   Mais ça ne fait rien... Soyez la bienvenue !
      J'ai d'abord laissé entrer tous les chrétiens, puis je
les ai suivis. J'ai déposé un bouquet de fleurs, j'ai prié,
puis j'ai quitté l'église avant la fin de messe.

      Il s'est passé un an, un an et demi. Le mal était
toujours là... Alors j'ai revu Sainte-Thérèse en rêve. C'était
dans un grand hôpital. Elle était habillée en infirmière et
donnait à manger aux pauvres. J'étais derrière elle, je
l'ai appelée :
–   Ma sœur, je vous attends toujours.
Elle s'est retournée et m'a dit avec un bon sourire :
      – Oui ma fille. Je finis avec mes enfants et je
m'occupe de vous tout de suite.
      Quelques jours après ma fille est venue à la
maison et m'a dit :
      – Maman, j'ai trouvé quelqu'un pour toi.
Quelqu'un de bien.
Là j'ai tout de suite senti que c'était vrai.
      Le lendemain je suis allée voir cette personne.
C'était Jean-Claude...

Jean-Claude, ce n'est pas un voyant, c'est un saint ! Il parlait, et moi je voyais des choses... Il m'a tout dit sur moi, et tout était exact. Je l'ai regardé et j'ai pleuré. Il m'a donné des travaux à faire.

Avant de commencer j'ai rêvé de lui. J'ai rêvé qu'il partait en Terre Sainte. C'était vrai, je l'ai su après, il était parti à Jérusalem... Dans mon rêve j'ai vu les juifs qui priaient devant le Mur, j'ai vu les musulmans qui allaient à la mosquée, j'ai vu les chrétiens aller à l'église à côté de la mosquée. Quelle merveille ! Mais je cherchais Jean-Claude et je me disais : « qui va me dire où il est ? « Je le cherchais côté juif, côté chrétien, côté musulman, pour lui parler. Un couple âgé, des juifs, m'ont regardée. Le monsieur m'a saluée en levant son chapeau, sans rien dire. La dame m'a dit :

- Ma fille, bientôt vous vous sentirez mieux. Jean-Claude est parti par là... Vous le retrouverez.

Dans mon rêve je suis entrée dans la mosquée pour faire ma prière, puis je me suis réveillée.

Dans un autre rêve Jean-Claude m'a invitée chez lui. Il m'attendait à la porte de son jardin, devant son pavillon. A l'époque je ne savais pas qu'il avait cette maison, je n'étais jamais allée chez lui... Il y avait ses enfants, son fils, sa fille, et d'autres personnes, à part. Sa femme préparait le repas. Jean-Claude m'a prise le bras en me disant :

- Toi tu fais partie de la famille, tu restes avec nous.

Il m'a placée au milieu des enfants. Son fils m'a parlé de bien des choses, il m'a promis que je serais bien, que tout ira bien...Là je me suis réveillée.

Et depuis c'est vrai, tout va bien, grâce aux travaux de Jean-Claude !

Cet homme est un saint. On rentre chez lui malade, on en sort bien portant. Rien qu'à le voir, en parlant avec lui, on est déjà soulagé...

J'ai eu d'autres rêves. J'ai rêvé du Christ. D'abord une voix d'homme - je l'ai entendue dans ma tête - m'a dit «je suis avec vous, je suis à côté de vous, il ne faut pas avoir peur. »

Il s'est éloigné, et c'est alors que j'ai compris que c'était le Christ. Dans mon rêve je me suis levée et je l'ai suivi en l'appelant :

- Christ, Christ, Christ !

Il est venu chez moi avec une femme très belle, très grande. Il n'avait pas de croix. J'étais à genoux, en train de prier.

Jean-Claude m'a demandé d'aller prier dans l'église de la rue du **Bac.** J'y suis allée avec une amie. Quand je suis entrée il n'y avait personne, mais après il y avait foule.

Je n'ai pas vu d'apparition, mais je sentais que le Christ était là. Je savais qu'il était là ! J'ai prié. Je lui ai demandé ce que j'avais demandé à Sainte-Thérèse comme je l'avais demandé au Prophète et à la Mère de tous les croyants : « Christ protégez Jean-Claude. C'est votre fils ». Il y a eu des éclairs, des étoiles filantes. Et j'ai ajouté : «je voudrais voir votre mère ».

Peu après je l'ai vue, en rêve. Je rentrais dans la chapelle, la même que celle où j'avais prié, mais plus simple, blanche sans ornement. Elle était d'une beauté incroyable, entourée de lumière comme je n'en n'ai jamais vue... Elle m'a sourie.

Je l'ai encore remerciée pour Jean-Claude et moi. Quand j'ai dit à Jean-Claude que j'avais rêvé de la Vierge il n'a pas été surpris... Il le savait déjà !

Hier, vendredi, jour de prière pour les musulmans, j'ai prié et j'ai vu une lumière extraordinaire dans le ciel. J'en ai pleuré de joie, j'ai remercié Dieu. J'ai prié pour lui :

« Protégez-le. Nous avons encore besoin de Jean-Claude. C'est un saint parmi nous. »

C'est un enfant de Dieu. Il a sauvé beaucoup de gens dans le monde. Plus tard les gens comprendront son message mais ça sera trop tard pour lui. Il ne sera plus là. J'espère que Dieu le protégera.

Il faut prier Dieu. Il n'y a que Dieu qui puisse nous sauver. »

Oui, il n'y a que Dieu, il n'y a qu'un Dieu, le même pour tous, cette croyante en témoigne ! Alors pourquoi se déchirer au nom de la religion ?

Et pourtant cela se passe ainsi dans bien des pays ! La mission de Jean-Claude Haouaria, c'est aussi combattre cette mauvaise foi. Il l'a fait et le fait encore, répétons-le, au péril de sa vie.

Laissons la parole à un Mauricien devenu son ami après l'avoir consulté en 1989. Voici son histoire, qu'il a raconté dans Star, un journal de l'île Maurice :

Je dois vous avouer que la première fois que j'ai rencontré Jean-Claude j'étais sceptique et mon épouse également. Je suis musulman et j'ai épousé une Française qui s'est convertie à l'Islam (ils vivaient en France). Pour un musulman, il n'y a que Dieu qui puisse nous faire vibrer. Pendant un an j'avais foi en Jean-Claude sans vraiment en avoir. Je dois témoigner aussi que la première fois que j'ai vu Jean-Claude, mon commerce partait à la dérive. A l'époque j'avais des ouvriers qui venaient de l'Afrique noire. Un jour, j 'avais été obligé de me séparer de l'un de ces ouvriers et en partant, il m'avait dit : « tu verras ce qu'il va t'arriver», mais je n'y avais pas attaché d'importance.

Une semaine plus tard, je n'arrivais pas à rester à mon

usine. Une fois en dehors de l'usine, je me sentais très bien. Ce cirque avait duré presqu'un mois. Je n'arrivais plus à faire mes échéances et l'usine commençait à partir en miettes.

Une semaine après ma rencontre avec M. Haouaria, je commençais à bouger vraiment. Petit à petit je commençais à reprendre confiance en moi-même et je devenais comme un tigre. Je devenais agressif (dans le bon sens du terme). Les créanciers venaient me voir pour prendre des arrangements et éventuellement m'aider. Des choses de ce type, j'en ai plein la valise à vous raconter. Je crois qu'en tant que musulman je peux poser la question à mes coreligionnaires. Où est le mal ? Allah nous a donné un cadeau. C'est la vie. L'Islam condamne le suicide. Haouaria soigne des gens touchés par la sorcellerie et il les soigne avec des écritures saintes. Faire la charité, c'est un principe de l'Islam et c'est le principe de J.C. Haouaria. Pourquoi devons-nous rejeter en bloc une personne qui fait du bien autour de lui ?

Monsieur Haouaria ne s'est jamais pris pour Dieu. Quand on lui pose une question, il répond toujours « avec l'aide de Dieu ». Il est ici pour soulager et donner le bonheur aux défavorisés, avec l'aide de Dieu. Pour terminer, je souhaiterais dire à mes frères et sœurs mauriciens (sans distinction de race ou de religion) : marchons la main dans la main et allons vers la prospérité.

Le témoignage d'un voisin de Jean-Claude, Marzouk Brahim, sauvé par lui, figurait dans le même journal. Ce jeune homme, devenu fou, avait été interné en hôpital psychiatrique. Il mangeait du papier et marchait comme une bête. En fait il était possédé... Jean-Claude l'avait guéri à 100 % grâce à des

prières, comme le montrait la photo publiée en
première page.

C'est à la suite de sa rencontre avec ce Mauricien devenu un ami que Jean-Claude décida de se rendre à l'île Maurice, car il avait vu que ce coin de paradis, où coexistent chrétiens, hindous et musulmans, était déchiré par les rivalités personnelles et les ambitions de certains, qui sous le prétexte de religion voulaient s'emparer du pouvoir et créer des frontières entre les hommes.

Début août 89 Jean-Claude fut interviewé au journal télévisé de l'île Maurice, à 19h 30, par le présentateur Anoop Gowrisunkur. Le lendemain matin il passa en direct à la radio où il fit des voyances et des sorties astrales « époustouflantes », qui « étonnent toute l'île», comme l'avouèrent ses adversaires eux-mêmes. Aussitôt une « certaine presse » se déchaîna contre celui qu'elle nomma «Ahouria» - ce qui prouve avec quel «sérieux» ces «journalistes» s'informent avant de publier des critiques et des «papiers d'humeur»...

Quelques mois plus tard, un « magicien » - un illusionniste - l'accusa d'avoir organisé des séances d'initiation à l'hypnose pour des jeunes gens mal préparés à cela, qui sous le choc se seraient transformés en loup-garou...

Le Star, par la plume de Reza Issack, son directeur, répondit à ses détracteurs de la façon suivante :

Jean-Claude Haouaria, un arnaqueur ? Posez la question à Roger Dupuy, un paralytique qu'il a traité (ce monsieur est venu le voir en chaise roulante, il est reparti en marchant. Mais Jean-Claude précisa, en toute « modestie », qu'il ne retrouverait que 60 % des moyens de sa main droite... Plusieurs mois après son fils a envoyé une lettre de remerciements à Jean-Claude car toute la famille avait bénéficié de son intervention). Vous aurez la réponse. Si seulement la main gauche pouvait dire ce que fait la main droite, nous aurions allongé la liste de ces gens que Jean-Claude a aidé gratuitement à Maurice.»

Les photos de Roger Dupuy, « avant » (porté par son fils) et « après» (marchant à côté de Jean-Claude) étaient publiées en première page...

Comme en France, comme partout dans le monde, la liste des gens que Jean-Claude a aidés dans cette île et dans l'île-sœur de la Réunion, serait interminable, nous ne la donnerons donc pas. Toutes se trouvent dans les dossiers disponibles chez lui. D'ailleurs il n'a plus rien à prouver depuis longtemps ! Un seul titre, paru sur toute la largeur de la première page du journal le défi, dans le numéro du 10 au 16 décembre 1989, résumera son action :

Boudé par des Mauriciens
JEAN CLAUDE HAOUARIA « FAIT MARCHER » SEPT HANDICAPÉS RÉUNIONAIS

Pourquoi, alors, s'acharnait-on contre lui ?

Parce qu'il avait dénoncé l'ambition perverse de certains politiciens qui voulaient s'emparer du pouvoir au dépend même de la paix civile et de la coexistence harmonieuse entre les différentes communautés religieuses ! Il avait dénoncé les hommes d'affaires et les ministres (!) qui n'hésitaient pas à s'allier avec des sorciers, « longanistes» et pseudo-guérisseurs, alors que, comme le rappelait le Star, personne n'ose (par peur ?) dénoncer et défier ces démonomanes. Pas un seul de ces prêtres (ou pleutres) pinailleurs par excellence n'a eu jusqu'ici le courage de mener une

guerre contre eux. Et ce journal d'expression musulmane ajoutait ceci : il existe chez nous des religieux
(!) hypocrites aussi. Pire que des pharisiens, ils font le mal et s'enrichissent au nom de Dieu. Le journal citait des noms et des cas précis. Et il titrait ainsi, en première page :

Ces vérités qu'on ignore :
Cinq Parlementaires, dont trois ministres,
ont rencontré Jean-Claude Haouaria sans payer un
sou Le médium met des marchandises d'au moins
300 000 roupies à la disposition des handicapés.
Pourquoi aucune guerre contre le charlatanisme
à Maurice ?

Parce que, comme le révélait Jean-Claude, des hommes influents utilisaient leurs services... En disant cela il savait qu'il se créait des ennemis ! Et des ennemis puissants_ Ainsi l'illusionniste amateur qui l'accusait, et qui bien sûr refusa toute confrontation avec lui, était policier de son état, dans le civil. Avait-il reçu des consignes de certains de ses supérieurs ?

La lutte sur le terrain, un terrain inconnu, avec pour seuls appuis quelques amis sûrs, n'a jamais fait peur à Jean-Claude Haouaria. On peut même se demander de quoi a-t-il peur ? Si, d'une chose : déplaire à Dieu ! Malgré les campagnes de presse, les interpellations au parlement, les tentatives d'intimidation, d'expulsion qui n'aboutirent pas, Jean-Claude revint sur l'île Maurice. Il y a eu une lâcheté de la part de certains, mais je tourne la page, affirma-t-il au journal le Mauricien. Et il continua son action en faveur des handicapés avec ces

marchandises importées sur l'île à ses frais et revendues à leur profit... Ses déclarations ne variaient pas : Hindous, Chrétiens et Musulmans doivent s'unir pour éviter de blesser l'île Maurice », répétait-il au Star entre deux avions pour Paris.
Il pressentait l'affrontement...

C'est alors que des Apparitions ont confirmé ses prémonitions. Jean-Claude Haouaria l'a raconté au journal mauricien Sunday.

L'un de ses amis hindous l'emmena dans un haut-lieu, nommé Grand-Bassin. Il s'agit d'un plan d'eau avec un îlot. Après s'être déchaussé par respect pour le site sacré il s'approcha de la rive. Une lumière, si belle, si intense qu'on ne pouvait la décrire, apparut. Il vit deux mains qui tenaient l'îlot comme un bébé. D'autres visions sont apparues, puis il eut l'impression d'aller sur l'îlot en marchant. Aussitôt il ressentit des vibrations et d'autres visions, telle une main tenant une arme blanche qui tentait de tuer quelqu'un...

— J'ai vu trois Fées, Shiva, le Christ avec des larmes de sang, la Sainte Vierge, Sainte Fatima... précise Jean-Claude.

Ces Apparitions lui confirmèrent que des événements graves se produiraient bientôt. A la faveur de revendications, de manifestations et de grèves très dures des individus sans scrupules allaient s'emparer du pouvoir.

— Il fallait réagir, prendre des mesures énergiques, rappelle Jean-Claude. J'ai dit : « donnez-moi sept jours, et le huitième tout sera purifié ».

Je me sentais tellement en danger, mais j'avais tellement foi en Dieu que le jour du coup de force Il m'a inspiré. J'ai déclaré :

– Croyez-moi, j'ai vu les Apparitions ! Je suis ici pour vous prévenir qu'il vous reste peu de temps pour agir. Dieu m'a donné la possibilité de le dire, je dois le dire, et si je dois servir de symbole je suis prêt à me sacrifier pour la paix. Si l'on donne une sagesse à l'île Maurice toutes les autres îles prendront exemple sur elle, puis cet exemple sera suivi par d'autres pays !

Ce jour-là, heureusement, on m'a cru ! Mais j'ai dû m'enfuir. Un hélicoptère est venu me chercher dans ma chambre d'hôtel au moment où des tueurs montaient l'escalier pour m'assassiner.

Ces gens sont prêts à tout, absolument tout, pour s'emparer du pouvoir. Dès le début je savais qu'ils m'enverraient des tueurs... Ils ont toujours procédé ainsi, dans tous les pays du monde, à toutes les époques.

Je suis toujours en danger, je le sais bien... Parce que j'ai accusé des politiciens. Quand je dis accuser, cela veut dire que j'ai révélé qu'ils avaient vendu leur âme au diable par des sorciers ! En fait les sorciers se sont servis d'eux comme le mal, le 6-6-6, s'est servi des sorciers.

Chacun connaît Nostradamus et ses Centuries, ses fameuses prédictions. Moi je suis en relation constante avec lui. Quand on lit ses quatrains le choc peut se produire et la lumière jaillir à la fraction de seconde. Michel de Notre-Dame, Nostradamus, a été le témoin du passé mais surtout des temps futurs.

Les fanatiques avaient peur de lui parce qu'il savait que leur coup d'Etat permanent nommé Inquisition allait diviser le monde à cause des massacres commis soi-disant «au nom de la religion » et «pour le bien» d'une Église manipulée, utilisée pour leurs basses ambitions politiques.

C'est pourquoi Dieu a détourné Sa Face de la terre. Mais les hommes n'ont pas compris le message de Nostradamus, inspiré par Notre-Dame la Sainte Vierge Marie, comme ils n'ont pas compris le Message du Martyr, son Fils, le seul et unique qui s'est sacrifié pour ne pas que l'histoire, abrégée plusieurs fois depuis l'arche de Noé, ne s'abrège une fois de plus !

C'est lui, Jésus, qui a sauvé le Prophète Mohammed par le miracle de l'araignée, afin que les religions du Livre s'accomplissent ! Lorsqu'il a fui la persécution le Prophète, recherché par le meilleur pisteur du royaume, s'est réfugié dans une grotte à l'ouverture très étroite. Aussitôt une araignée a tissé sa toile devant l'ouverture. Le pisteur a vu la toile, il en a conclu que personne n'était entré là récemment. Mais comment se fait-il qu'il n'ait pas vu le nid, à l'intérieur, avec un oisillon ? Il était impossible que cette toile ne soit pas détruite au passage des oiseaux qui nourrissaient leur petit ! C'est à cause de l'aveuglement des hommes, le pisteur a vu avec ses yeux, mais pas avec son esprit. Il n'a pas vu le miracle...

Jean-Claude savait que son heure n'était pas venue parce que sa mission n'était pas terminée. Un rêve prémonitoire annonça une intervention miraculeuse, ce qu'atteste cette dame, musulmane, qui prie Dieu et tous ses saints tant à la mosquée qu'à l'église. Voici la suite de son témoignage

- Un jour Jean-Claude m'a dit que Dieu allait bientôt l'appeler à lui. J'ai pleuré, et j 'ai prié : « Dieu laissez-le nous, il est encore jeune, il a ses enfants. Vous le prendrez quand vous voulez, mais on en a besoin, il y a tant de gens malfaisants sur terre, on a besoin de lui... »

Je suis allée à Lisieux remercier Dieu, remercier tous les Prophètes, remercier Sainte-Thérèse de m'avoir envoyée à lui. Je les ai beaucoup remerciés. Je leurs ai

demandé de le protéger. De nous le garder. Parce que la terre a besoin de lui. Surtout nous, les pauvres.

Le dimanche suivant je suis allée en pèlerinage près de Notre-Dame. En revenant j'ai entendu une voix qui m'appelait très fort. Trois fois. Une voix d'homme qui venait d'en-haut et m'appelait dans ma tête.

Le mardi d'après j'ai rêvé. Il y a eu un bruit épouvantable. Dans mon rêve il y avait une amie à côté de moi. Elle ne voulait pas bouger, mais moi je suis sortie de ma maison pour voir ce qui se passait. J'ai vu une lumière dans le ciel, une lumière comme jamais je n'en n'avais vue. Jamais, jamais ! J'ai vu les pauvres à droite, bien protégés dans la lumière. Des gens riches - j'en connaissais certains - étaient à gauche dans l'obscurité et la tempête. J'ai pensé que le vœu que j'avais demandé s'était ou allait se réaliser. Je me suis réveillée...

Lorsque je l'ai raconté à Jean-Claude, il m'a dit :

- Vous avez fait un rêve. Mais en fait vous ne dormiez

pas...

Effectivement, c'est à ce moment que des tueurs professionnels avaient reçu la mission d'assassiner Jean-Claude. Il 1e savait bien avant qu'ils ne parviennent jusqu'à lui. Cette dame l'a appris plus tard :

- Quand j 'ai su qu'il avait échappé à la mort j 'ai compris mon rêve : le bruit épouvantable annonçait cette tentative de meurtre, mais il serait sauvé comme il avait sauvé des pauvres, tandis que les menaces des riches, des puissants qui voulaient le tuer, se retourneraient contre eux.

Comment cela s'est-il passé ? Jean-Claude Haouaria reste discret, et pourtant il s'agit bien d'un miracle. Il le raconte ainsi :

- Huit mois avant les événements de l'île Maurice on m'a envoyé des tueurs. J'ai tout de suite vu lequel devait tirer... je me suis enfermé avec lui. Là, en tête-à-tête, je lui ai fait des révélations. Il est reparti sans rien tenter.

Huit mois plus tard nous avons pu sauver la paix. Le reste - les rivalités politiques - ne me concernait pas.

D'autres tentatives de meurtres ont eu lieu. Elles ont également échoué... Elles sont inutiles, comme sont inutiles les pressions hostiles ou les sollicitations amicales. J'ai refusé, je refuse, je refuserai toujours toutes les propositions de nature politique. Ma mission est ailleurs.

Je suis apolitique. Pour le spirituel. Contre les sectes. J'en ai une sainte horreur ! Ce qui est à Dieu appartient à Dieu. Que personne ne tente de s'en emparer, malheur à celui qui vend ce qu'il nous a donné ! Par contre on peut partager avec les autres... Dieu nous a donné, on donne. On mange et l'on donne à manger, on boit et l'on donne à boire à ceux et celles qui ont faim et soif de vérité, de manière à propager la Lumière. C'est la chaîne humaine...

Mais tous ces religieux qui prétendent détenir le secret, pourquoi ne partagent-ils pas ? Ne serait-ce qu'une petite partie d'amour, pour revenir à la Foi ? Car nous sommes en train de nous autodétruire !

Hélas lorsque le bateau commence à couler les gens se précipitent vers le pont alors qu'il faudrait courir à la cale pour colmater ! Colmater avec la chaîne des hommes et l'amour de tous.

Je voudrais, avec les gens de bonne foi, ôter le mal, le SIDA mental, cette mauvaise foi nommée fanatisme et son
double, la perte de la Foi.

Si nous le faisons, Dieu nous pardonnera une fois de plus, parce qu'il est bon et miséricordieux...

Début décembre 1991, Jean-Claude a envoyé ce message à ses amis Mauriciens :

Permettez-moi de vous écrire ces quelques mots d'amitié et de fraternité. J'espère que tout va bien de votre côté. Pour ma part, grâce à Dieu, tout va très bien.

Depuis deux ans déjà je voulais vous dire combien j 'ai apprécié certaines déclarations et prises de position publiées dans la presse de votre pays, car bien que je n'aie pas la chance d'assister personnellement aux débats et aux discussions, je les suis de très près. Aujourd'hui je voudrais surtout vous dire à quel point je partage votre chagrin.

Souvenez-vous, dans mon premier message, le 20 août 1989, j'avais déclaré au STAR : Hindous, Chrétiens et Musulmans doivent s'unir pour éviter de blesser l'île Maurice. Ce message m'a été confirmé par les Apparitions de Grand-Bassin. J'ai ajouté, comme je le dis toujours, je ne vous demande pas de croire, mais seulement de constater. En moins de huit mois vous avez constaté avec moi. Je suis témoin avec vous...

Dans mon deuxième message j 'ai dit que l'île Maurice pouvait devenir un modèle de paix fraternelle et de prospérité pour les autres îles comme pour bien d'autres pays et qu'ainsi elle pouvait entrer dans l'histoire du monde. J'en ai parlé avec les Chefs d'Etat de la Francophonie...

Dans deux ans la conférence mondiale francophone doit se tenir dans l'île Maurice !
Voici maintenant mon troisième message :
Il ne vous reste que cinq mois pour trouver une Sagesse avant le Ramadan et surtout à la fin du Ramadan, pour l'Aïd, qui sera la première Fête Universelle, Fraternelle et surtout Mondiale.
Vous avez le choix :
– d'être libres et indépendants et d'entrer dans l'histoire mondiale comme dans chaque esprit, pour le Bien, et vous serez reconnus comme tels ou
– vous serez à jamais divisés et vous passerez votre vie à compter les jours en espérant avoir une autre chance de vous racheter.

Relisez la presse de l'époque et surtout le STAR, ainsi que d'autres journaux qui ont repris mes déclarations. Leurs articles témoignent que je ne me suis jamais trompé.

Puis Jean-CLaude Haouaria termine par un message universel de paix, d'amour et de fraternité :

Paix sur terre
aux hommes de bonne volonté

Ce message de Sagesse et de Paix, je le diffuse inlassablement dans le monde, car je sais que l'être humain a une très mauvaise mémoire, c'est pour cela que les peuples ont toujours été divisés par l'intolérance, le rejet d'une religion par rapport à une autre et le racisme, et surtout depuis que la non-croyance s'est répandue.

Chaque individu (heureusement il en reste quelques-uns) ne se regarde qu'en face d'un miroir et ne voit que son propre reflet.

C'est pourquoi la TRADITION de nos aïeux se perd au fil des jours comme un LAC SANS SOURCE jusqu'au jour où cela deviendra comme un désert.

CE LAC IRRIGUE LA TERRE, ET LA TERRE EST EN DANGER.

J'ai toujours dit : « on peut prendre une décision en cinq minutes et perdre toute une vie, comme on peut prendre une décision en cinq minutes et gagner toute une vie ».

CHACUN CROIT DÉTENIR UNE VÉRITÉ.

Alors pourquoi ne mettrions-nous pas ces Vérités en commun, puisque toutes veulent du bien aux peuples du monde entier ?

Pourquoi alors ces GUERRES DE RELIGION ?

Prenons sept mamans, de couleur, de nationalité, de religion différente. Lorsqu'une larme coule sur le visage de ces sept mamans pour un être cher qu'elles ont perdu pensez-vous que par cette larme toute aussi chaude d'une mère à l'autre ces mères manifestent leurs différences entre elles ? Alors pourquoi créer une frontière plus cruelle que leurs différences de religion, de nationalité, de couleur ?

Je souhaite pour la terre, avec la Grâce de Dieu, que les peuples se ressourcent auprès des Esprits Saints pour prendre des décisions sages. LA SAGESSE N'EST PAS UNE ILLUSION. L'histoire se répète depuis des millions d'années, pendant lesquelles des milliers de Saints se sont sacrifiés pour nous. Je ne fais que citer la Tradition !

Avons-nous à ce point perdu la mémoire, pour oublier leur sacrifice, nous, peuples dits civilisés ?

Imprimé en France

ISBN 9782950702104